आज पूरे विश्व में जो देश अपनी स्वच्छता और सुंदरता के लिए जाने जाते हैं उसके पीछे मूल कारण वहां के निवासियों में नागरिक बोध (सिविक सेंस) होना और स्वच्छता के प्रति उन नागरिकों के निरंतर अनुशासित और सक्रिय बने रहने की भावना है। अधिकांश विकसित देश अपने नागरिकों की इसी सजगता, सक्रियता तथा बोधभाव के कारण ही निरंतर स्वच्छ और सुंदर बने हुए हैं। अधिकांश विकसित देशों में छोटी आयु से ही बच्चों को स्वच्छता के विषय में जागरूक किया जाता है, जो हमारे देश में नहीं होता। 'स्वच्छता अभियान' इस दिशा में एक प्रेरक का कार्य कर सकता है।

स्वच्छ भारत की तैयारी, जन-जन की भागीदारी

स्वच्छ भारत : समृद्ध भारत

पंकज के. सिंह

डायमंड बुक्स

www.diamondbook.in

प्रकाशकः डायमंड पॉकेट बुक्स (प्रा.) लि.
X-30, ओखला इंडस्ट्रियल एरिया, फेज-II
नई दिल्ली-110020
फोन : 011-40712100
ई-मेल : sales@dpb.in
वेबसाइट : www.diamondbook.in

Swachh Bharat Samriddh Bharat
By : Pankaj K. Singh

समर्पण

उन असंख्य राष्ट्रभक्त कर्मयोगियों को समर्पित, जिन्होंने सदियों तक भारत को साफ व स्वच्छ रखने का दायित्व अकेले अपने माथे और कंधे पर उठाया है।

जय हिंद! जय भारत!

लेखक परिचय

पंकज के. सिंह, राष्ट्रीय महत्व के विचारोत्तेजक विषयों पर लिखने वाले देश के अग्रणी लेखकों में हैं। उनकी लेखनी पाठकों और सामान्य नागरिकों को विषय को समझने की एक नई दृष्टि और समझ प्रदान करती है। पंकज के. सिंह के द्वारा पूर्व में लिखित पुस्तकों 'समर्थ भारत' और 'भारतीय विदेश नीति' को संपूर्ण देश में पाठकों द्वारा बेहद पसंद किया गया है।

पंकज के. सिंह राष्ट्रीय महत्व के विषयों पर बारीक समझ रखते हैं। उनके व्यापक चिंतन और विशद अनुभव के कारण नियमित रूप से राष्ट्रीय समाचार पत्रों एवं पत्रिकाओं में प्रकाशित होने वाले उनके लेख बेहद पठनीय एवं तथ्यपूर्ण होते हैं। जो भी विषय एवं क्षेत्र भारत को एक सामर्थ्यवान एवं वैभवशाली विकसित राष्ट्र के रूप में स्थापित करने का मानक बन सकते हैं, उन सभी पर पंकज के. सिंह गहन शोध एवं अध्ययन करते रहे हैं।

पर्यावरण एवं स्वच्छता के मुद्दों पर पंकज के. सिंह पिछले 20 वर्षों से निरंतर लेखन कर रहे हैं, अतएव प्रस्तुत पुस्तक पाठकों के लिए निश्चित रूप से अत्यधिक उपयोगी एवं ज्ञानवर्द्धक सिद्ध होगी। इस पुस्तक में बेहद सहज, सरल एवं रुचिकर भाषा में स्वच्छता से जुड़े हुए प्रत्येक छोटे-बड़े बिंदु को विस्तारपूर्वक समझाया गया है।

भूमिका

स्वच्छता मानव जीवन के लिए अत्यंत महत्व का विषय है। कोई भी राष्ट्र या समाज बिना स्वच्छता को अपनाए सभ्य और सुसंस्कृत नहीं हो सकता। आज संपूर्ण विश्व में वे ही राष्ट्र समृद्ध और शक्तिशाली हैं, जिनके नागरिक समाज ने स्वच्छता को अपने जीवन का सर्वाधिक महत्वपूर्ण पक्ष माना है। भारतीय सामाजिक जीवन में यूं तो आदिकाल से ही स्वच्छता को अत्यंत महत्व का विषय माना गया है, परंतु ऐसा प्रतीत होता है कि इस संदर्भ में संपूर्ण नागरिक समाज को जागृत और अनुशासित नहीं किया जा सका है। अनेक कारणों से भारतीय समाज आजपर्यंत ठीक से स्वच्छता के मूल्य को नहीं समझ सका है। आज भारत संपूर्ण विश्व में अपने गंदगी, कचरे और अनुशासनहीन नागरिक आचरण की वजह से कुख्यात हो चुका है। भारत को अपनी इस नकारात्मक छवि से तत्काल मुक्त होने की आवश्यकता है। यदि भारत को वास्तव में एक वैश्विक महाशक्ति के रूप में स्थापित होना है, तो सबसे पहले तो उसे स्वच्छ होना होगा। स्वच्छता के बिना देश को समृद्धि के मार्ग पर तेजी से आगे बढ़ाया जा पाना संभव नहीं होगा।

वास्तव में स्वच्छता का विषय देखने में तो छोटा सा लगता है, परंतु यह है बहुत महत्व का। देश के विकास से जुड़ी संपूर्ण प्रक्रिया इसके इर्द-गिर्द ही घूमती है। यदि स्वच्छता के मानकों का स्तर ऊंचा होगा, तो इससे देश के नागरिक बीमार कम होंगे। उनकी कार्य गुणवत्ता और कार्य क्षमता में भी कई गुने की बढ़ोतरी होगी। संपूर्ण भारत के अस्पतालों में प्रतिदिन करोड़ों नागरिकों की भीड़ ऐसे रोगों के कारण जमा होती है, जिनका निदान एकमात्र स्वच्छता में ही छिपा होता है।

स्वस्थ नागरिक ही एक समृद्ध और संतुष्ट समाज की आधारशिला हो सकते हैं। भारतीय समाज में स्वच्छता के महत्व को छोटी आयु से ही एक संस्कार के रूप में बच्चों में विकसित किए जाने की महती आवश्यकता है।

यह भी देखने में आ रहा है कि गंदगी और प्रदूषण के भयावह स्तर तक पहुंचने के बावजूद भारतीय समाज आज भी स्वच्छता के मानकों के प्रति अपेक्षित संवेदनशील दिखाई नहीं पड़ रहा है। आज भी देश में स्वच्छता तथा पर्यावरण से जुड़े कानूनों और नियमों का धड़ल्ले से उल्लंघन किया जा रहा है, जिससे स्थिति निरंतर विस्फोटक होती जा रही है। आज संपूर्ण देश की सड़कें भयंकर रूप से प्रदूषण का शिकार हैं। वाहनों को मानकों के विपरीत किसी भी तरह अनेक वर्षों तक चलाते रहने की कोशिश की जाती है, भले ही इनसे निकलने वाले विषाक्त धुएं से पर्यावरण की कितनी ही अधिक क्षति क्यों न हो रही हो? वाहनों की समय–सीमा निर्धारित किए जाने वाले न्यायपालिका के आदेशों का अनुपालन भी देश में ठीक से नहीं हो पा रहा है।

आज संपूर्ण देश में कहीं भी स्वच्छ पेयजल की उपलब्धता शेष नहीं रह गई है। बिना जल के जीवन की कल्पना तक नहीं की जा सकती है, यह जानते हुए भी भारत में नदियों और भूजल की दुर्दशा और प्रदूषण की स्थिति किसी से भी छिपी नहीं है। जल के शुद्ध रूप में प्राप्त न होने से अनेक गंभीर बीमारियों और कैंसर का विस्तार क्षेत्र बढ़ता ही चला जा रहा है। कारखानों और फैक्ट्रियों के मलबे और कचरे से भूजल तथा नदियां बुरी तरह प्रभावित हो चुकी हैं। यहां तक कि ट्यूबबेलों से निकलने वाला पानी भी खारा और प्रदूषित हो चुका है। स्थिति इतनी बदतर हो चुकी है कि प्रदूषण, गंदगी और अस्वच्छता का लाभ उठाकर ही धंधा करने वाले मौके का फायदा उठाने से नहीं चूक रहे हैं। पीने के पानी का अवैध कारोबार पूरे देश में बहुत तेजी से निरंतर बढ़ रहा है। यद्यपि सत्य यह है कि जिस पानी को देश में आज स्वच्छ समझकर पिया जा रहा है, वैज्ञानिक दृष्टि से उसकी स्वच्छता की भी कोई गारंटी नहीं है। देश के जलशोधन प्लांटों में भी मानकों के अनुकूल साफ–सफाई के नियमों का पालन नहीं किया जा रहा है।

प्रदूषण की भयावह स्थिति के चलते आज देश में कोई भी खाद्य पदार्थ

तथा कृषि उत्पाद तक मिलावट से मुक्त नहीं रह गए हैं। खाने-पीने की तकरीबन प्रत्येक वस्तु में घातक रसायन मौजूद हैं। इन घातक रसायनों के कारण मानव स्वास्थ्य पर बहुत बुरा प्रभाव पड़ रहा है। भूजल में कई भारी धातुओं के यौगिकों की मात्रा खतरनाक स्तर को पार कर गई है। सीधी सी बात है कि यदि खतरनाक रसायन पानी में मिल गए हैं, तो वे कीटनाशकों और खादों के माध्यम से हमारे पेयजल से लेकर कृषि उत्पादों तक पहुंचेंगे ही। स्थिति जिस तेजी से बिगड़ती जा रही है, उसे देखते हुए यह कहा जा सकता है कि भारत के समक्ष आज सबसे बड़ा खतरा गंदगी और प्रदूषण ही है। प्रदूषण का यह 'आतंकवाद' आज भारत के समक्ष सबसे विकराल चुनौती है। गंदगी और प्रदूषण के इस 'आतंकवाद' से निपटने के लिए यदि की संपूर्ण सवा सौ करोड़ जनता ने संकल्पबद्ध होकर स्वयं को अनुशासित न किया, तो अगले एक दशक में यह 'आतंकवाद' अकेले ही देश और समाज को निगलने के लिए पर्याप्त होगा।

- पंकज के. सिंह

संपर्क-09560754364/ 08765980658
pkstiger@gmail.com

प्रकाशकीय

निश्चित रूप से शारीरिक रूप से स्वस्थ व्यक्ति की सोच भी स्वस्थ होती है। स्वच्छता का महत्व इसलिए भी बहुत अधिक है, क्योंकि इसके माध्यम से ही रोगों और बीमारियों पर नियंत्रण पाया जा सकता है। यदि देश में बीमार और कमजोर नागरिकों की संख्या न्यूनतम होगी, तो इससे देश के विकास में गति पैदा होगी। फिलहाल देश का प्रत्येक नागरिक गंदगी और प्रदूषण के कारण उपजी बीमारियों के चलते अपनी बचत का एक बहुत बड़ा हिस्सा रोगों के इलाज में खर्च कर देता है और निरंतर निर्धनता और निराशा के दुष्चक्र में फंसा रहता है। यदि वातावरण एवं पर्यावरण स्वच्छ एवं संतुलित होता, तो उसकी यही बचत उसके जीवन स्तर को बढ़ाने तथा राष्ट्र निर्माण के काम आ सकती थी।

यह घोर चिंता का विषय है कि गंदगी और प्रदूषण के कारण भारत में पीने योग्य स्वच्छ पेयजल की उपलब्धता भी निरंतर कम होती जा रही है। स्पष्ट रूप से एक राष्ट्र के रूप में यह भारतीय नियोजन तंत्र और व्यवस्था की विफलता ही कही जाएगी कि स्वतंत्रता के सात दशक बीतने के उपरांत भी देश का व्यवस्था तंत्र अपने नागरिकों को शुद्ध पेयजल तक उपलब्ध नहीं करा सका है। एकमात्र शुद्ध पेयजल की उपलब्धता सुनिश्चित कर देने भर से देश में बीमारियों पर खर्च होने वाली राशि को 30 प्रतिशत तक कम किया जा सकता है। केंद्रीय मानवाधिकार आयोग ने भी देश में शुद्ध पेयजल की निरंतर गहरी होती जा रही कमी को बेहद घातक और चिंताजनक माना है। आयोग के अनुसार, नागरिकों को शुद्ध पेयजल प्राप्त न होना स्पष्ट रूप से मानवाधिकारों का उल्लंघन है।

गंदगी तथा प्रदूषण के कारण भारत में प्रतिवर्ष होने वाले संक्रामक रोग लाखों नागरिकों, जिनमें अधिकांश बच्चे शामिल होते हैं, की मृत्यु का कारण बनते हैं। भारत में शिशु मृत्युदर की अधिकता के कारण कई भयंकर दुष्परिणाम प्रकट हो

रहे हैं। तीव्र शिशु मृत्युदर के कारण जन्मदर में भी तेजी से वृद्धि होने लगती है, जो कालांतर में जनसंख्या विस्फोट के लिए उत्तरदायी होती है। इसके फलस्वरूप मातृ मृत्युदर में भी तीव्र वृद्धि होती है, जिसके कारण बच्चों के पालन-पोषण में कमी और उनके समाजीकरण में बाधा उत्पन्न होती है। उल्लेखनीय है कि विकासशील देशों में भी भारत की स्थिति बहुत निचले स्तर पर है।

यह आश्चर्य का विषय है कि भारत में स्वच्छता और पर्यावरण जैसे अहम मुद्दे राजनैतिक मुद्दे नहीं बन पाते। आज तक देश के सर्वोच्च सदन में इन मुद्दों पर गंभीर विचार-विमर्श होते नहीं देखा गया। क्या वास्तव में यह मुद्दे इतने हल्के और कमजोर हैं कि इन पर ध्यान देने की आवश्यकता तक राजनैतिक दलों को महसूस नहीं होती? आरक्षण और निजी हितों से जुड़े अनेक मुद्दों पर सक्रिय हो जाने वाली सिविल सोसायटी और जनमानस देश में स्वच्छता और पर्यावरण के मुद्दों पर करोड़ों की संख्या में एकजुट होकर क्यों नहीं सरकारों को बड़े फैसले लेने के लिए विवश कर सकता?

आज पूरे देश में सर्वत्र गंदगी, कूड़ा-कचरा, संक्रामक रोगों, दूषित पेयजल तथा मक्खी-मच्छरों और कीड़ों का आतंक कायम है, परंतु ऐसे महत्वपूर्ण मुद्दों पर न तो कभी देश में चुनाव ही लड़े गए और न ही कभी इन पर देश और प्रदेश के सदनों में हंगामा ही हुआ। ध्यान रहे कि किसी भी देश का स्तर आंकने का सर्वोत्तम आधार उस देश के सामान्य नागरिकों का स्वास्थ्य ही होता है। विकास का अर्थ केवल सड़कें बनाना और उद्योग स्थापित कर देना मात्र ही नहीं होता, वरन स्वस्थ नागरिकों का निर्माण और विकास भी राष्ट्र के विकास का एक अनिवार्य तत्व होता है। अनेक दशकों तक कई संकटों से घिरे रहे तथा अमेरिका के कोप का शिकार रहे क्यूबा जैसे देश ने भी अपने प्रत्येक नागरिक को 'स्वास्थ्य का अधिकार' प्रदान किया है। 'विश्व स्वास्थ्य संगठन' ने भी क्यूबा को संपूर्ण विश्व के लिए एक प्रेरक उदाहरण माना है। प्रश्न यह है कि जब एक छोटा सा देश क्यूबा में आत्मगौरव और अनुशासन के साथ एक स्वच्छ एवं स्वस्थ व्यवस्था का निर्माण हो सकता है, तो भारत जैसा सवा सौ करोड़ की आबादी वाला विशाल देश किस अकर्मण्यता और अदूरदर्शिता के चलते यह नहीं कर पा रहा है।

प्रस्तुत पुस्तक में स्वच्छता और पर्यावरण से जुड़े इन्हीं मुद्दों को विस्तारपूर्वक उठाने का प्रयास किया गया है। यह पुस्तक वास्तव में महत्वपूर्ण भी है और आवश्यक भी। जाने-माने लेखक और चिंतक पंकज के. सिंह इस पुस्तक

के माध्यम से देश के नागरिकों का ध्यान स्वच्छता जैसे अत्यंत महत्वपूर्ण एवं प्रत्येक व्यक्ति के जीवन से जुड़े विषय की ओर आकृष्ट कर रहे हैं। इसमें कोई संदेह नहीं कि आज भारत गंभीर रूप से गंदगी और प्रदूषण का शिकार है। देश को स्वच्छ बनाने का दायित्व देश में रहने वाले प्रत्येक नागरिक का है। यह पुस्तक हमें बता रही है कि देश में रहने वाले प्रत्येक बच्चे, बुजुर्ग, महिला एवं पुरुष सभी को देश को स्वच्छ बनाने के महानतम यज्ञ में अपने कर्मयोग और अनुशासन की आंच में तपाकर देश को गंदा करने वाली आदतों और अदूरदर्शी सोच की निरंतर आहुति देनी होगी। यदि भारत स्वच्छ होगा, तो इसके नागरिकों के जीवन में सहज रूप में समृद्धि, खुशहाली और संतुष्टि आनी शुरू हो जाएगी। इससे देश के वित्तीय एवं मानव संसाधनों की भी बचत होगी, जिससे राष्ट्र निर्माण में गति और समाज में स्थिरता और समृद्धि आएगी।

– नरेन्द्र कुमार वर्मा

nk@dpb.in

विषय सूची

1. स्वच्छ भारत : समृद्ध भारत

प्रधानमंत्री नरेंद्र मोदी के नेतृत्व में सरकार ने 'स्वच्छ भारत अभियान' की शुरुआत की है। इस अवसर पर उन्होंने अपने साथी मंत्रियों एवं नवरत्नों के साथ प्रतीकात्मक तौर पर सड़क पर स्वयं सफाई की थी और एक स्पष्ट संदेश दिया था कि इस देश के प्रत्येक व्यक्ति को अपने वातावरण को स्वच्छ रखने में अपने कर्तव्यों का निर्वहन करना होगा। पूर्व में भी कई अवसरों पर देश में औपचारिक और अनौपचारिक रूप से सरकारी एवं गैर सरकारी तंत्र द्वारा जब-तब स्वच्छता अभियानों को गति दी गई है। यद्यपि देश में पहली बार गंभीरतापूर्वक सामूहिक स्तर पर प्रयास अब शुरू हुआ है। विभिन्न प्रकार के सफाई अभियान देश के विभिन्न हिस्सों में निरंतर चलते ही रहे हैं, यद्यपि भारतीय जनमानस में स्वच्छता को लेकर एक गंभीर चिंतन और उसे व्यावहारिक रूप में अनुशासन के साथ अपने जीवन में समाहित करने के प्रति सचेष्ट प्रयास आज तक नहीं हो सके हैं। अपने तमाम अभियानों और कवायदों के बावजूद भारत में स्वच्छता कभी भी एक गंभीर मुद्दा नहीं बन सका है।

आज सम्पूर्ण विश्व में भारत की छवि एक ऐसे देश के रूप में है, जो बुरी तरह गंदगी से ग्रस्त, प्रदूषित और अस्त-व्यस्त किस्म का है। पूरे विश्व के मीडिया में भारत के संदर्भ में इस किस्म की तस्वीरें प्रकाशित की जाती हैं, जिनमें हमारी नदियों में तैरती सड़ी-गली लाशें, गंदगी, औद्योगिक एवं शहरी अपशिष्ट प्रवाह तथा सड़कों पर जगह-जगह बिखरे हुए कूड़े के ढेर हमारी अस्त-व्यस्त एवं अनुशासनहीन जीवनशैली को प्रदर्शित करते हैं। कुछ वर्ष पहले 'इंटरनेशनल हाईजीन काउंसिल' ने अपने एक सर्वेक्षण में बताया था कि औसत भारतीय घर बेहद गंदे एवं स्वास्थ्य के लिए हानिकारक होते हैं।

काउंसिल द्वारा विश्व में भयंकर किस्म की गंदगी से ग्रस्त देशों की जो सूची जारी की गयी थी, उसमें भारत विश्व में मलेशिया के बाद दूसरा सबसे गंदा देश माना गया।

भारत जैसे देश में जहां भ्रष्टाचार, गरीबी, बेरोजगारी, अशिक्षा, जातिवाद, आतंकवाद, नक्सलवाद जैसी भयंकर समस्याएं मुंह बाए खड़ी हों, वहां 'स्वच्छता अभियान' कतिपय लोगों को आश्चर्यजनक लग सकता है, लेकिन इससे इस मुद्दे की आवश्यकता और गंभीरता को कमतर नहीं आंका जा सकता। यह बेहद महत्वपूर्ण विषय है और पूरे देश के स्वास्थ्य और समृद्धि से सीधे तौर से जुड़ा हुआ है। आज पूरे देश में चंद गिने-चुने अतिमहत्वपूर्ण, 'वीआईपी' इलाकों को छोड़ दें, तो पूरा देश यहां तक कि हमारे पर्यटन एवं पर्वतीय स्थल भी आज गंभीर रूप से गंदे और बदबूदार हो चुके हैं। पूरा देश गंदगी और अस्त-व्यस्त फैले कूड़े की मार से बेहाल हो रहा है।

आज शहरों में सड़क पर टहलते हुए या गलियों में चलते हुए सांस लेना तक दूभर हो रहा है, क्योंकि सर्वत्र चहुंओर गंदगी और बदबूदार हवाओं का भयंकर प्रवाह है। इससे देश के नागरिकों का स्वस्थ रहना भी संभव नहीं रह गया है। यह भी एक तथ्य है कि इस गंदगी की वजह से ही अंतर्राष्ट्रीय पटल पर हमारी छवि बहुत खराब हुई है और हमसे कहीं अधिक छोटे-छोटे देश भी यथा-सिंगापुर, मॉरीशस, थाईलैंड, इंडोनेशिया आदि तक स्वच्छता और अनुशासन के मानकों पर कहीं आगे निकल गये हैं। यह भी समझना होगा कि यह गंदगी हमें बहुत महंगी पड़ रही है, क्योंकि देश की आय का एक बड़ा हिस्सा इस गंदगी की वजह से पैदा हो रही बीमारियों और संक्रामक रोगों के इलाज में खर्च हो रहा है।

हमें यह भी विचार करना होगा कि सफाई का मुद्दा भारतीय समाज के लिए कभी भी एक गंभीर चिंतन का विषय क्यों नहीं रहा है? पूर्व केंद्रीय मंत्री जयराम रमेश ने तो एक बार यहां तक कहा था कि गंदगी के लिए अगर कोई नोबेल पुरस्कार दिया जा रहा होता, तो यह अवश्य ही भारत के खाते में जाता। वर्षों पहले महात्मा गांधी ने 'स्वच्छता' को 'स्वराज्य' से भी अधिक महत्वपूर्ण कहा था, लेकिन हमने इससे भी कोई सबक नहीं लिया। वस्तुतः हमने यहां भी अन्य कई क्षेत्रों की भांति महात्मा गांधी का निरादर ही किया है।

वास्तव में स्वच्छता को लेकर भारतीय नागरिकों और समाज के चिंतन में एक

बुनियादी खोट है। कमी यह है कि भारतीय संस्कृति का मूल जोर परंपरागत रूप से ऐतिहासिक कारणों के चलते आदिकाल से ही 'स्वच्छता' के बजाय 'पवित्रता' पर रहा है और यह पवित्रता या तो ईश्वर प्रदत्त जन्मनः होती है या व्यक्तिगत प्रयासों यथा-तप, साधना तथा सत्संग इत्यादि से अर्जित की जाती है। इस विचार का केंद्र यह है कि भारतीय संस्कृति में नागरिक उत्तरदायित्व की भावना से प्रेरित स्वच्छता को महत्व नहीं दिया गया है, वरन इसके उलट अपने परिवेश को स्वच्छ और सुरूचिपूर्ण बनाने के स्थान पर खुद को अलग और अन्यों से विशिष्ट दिखाने पर जोर अधिक है।

सामान्य एवं औसत भारतीय यह मानता है कि सार्वजनिक स्थलों पर सफाई का कार्य तो प्रशासन का काम है, हमारी इसमें किसी प्रकार की कोई भूमिका नहीं है। यह एक गलत सोच है। वास्तव में सफाई व्यवस्था और वातावरण एवं पर्यावरण को स्वच्छ रखने का दायित्व बिना नागरिक उत्तरदायित्व के बोध के पूर्ण नहीं किया जा सकता। आखिर जब हम सार्वजनिक स्थानों की स्वच्छता को लेकर तनिक भी जवाबदेह और जिम्मेदार नहीं है, तो किस तरह से और किस अधिकार से हम इन सार्वजनिक स्थानों को बड़ी निर्दयता के साथ गंदा करते रहते हैं?

हमें यह भी जान लेना चाहिए कि आज पूरे विश्व में जो देश अपनी स्वच्छता और सुंदरता के लिए जाने जाते हैं उसके पीछे मूल कारण वहां के निवासियों में नागरिक बोध होना और स्वच्छता के प्रति उन नागरिकों के निरंतर अनुशासित और सक्रिय बने रहने की भावना है। अधिकांश विकसित देश अपने नागरिकों की इसी सजगता, सक्रियता तथा बोधभाव के कारण ही निरंतर स्वच्छ और सुंदर बने हुए हैं। विकसित देशों में छोटी आयु से ही बच्चों को स्वच्छता के विषय में जागरूक किया जाता है, जो हमारे देश में नहीं होता। 'स्वच्छता अभियान' इस दिशा में एक प्रेरक का कार्य कर सकता है।

स्वच्छता का भारतीय दर्शन

शौचात स्वांग जुगुप्सा परैः असंसर्गः।

(पतंजलि)

भारतीय दर्शन, चिंतन और सभ्यता में स्वच्छता एवं 'शुचिता' को विशेष महत्व दिया गया है। भारतीय नागरिक जीवन में आदिकाल से स्वच्छता का

महत्व और उसके प्रति स्पष्ट आग्रह दिखाई पड़ता है। यह भारतीय नागरिक ही थे, जिन्होंने संपूर्ण मानव सभ्यता में सबसे पहले स्वच्छता के महत्व और मर्म को समझा। भारतीय संस्कृति में विभिन्न प्रकार के आचरण, आयोजन और पर्व इस ओर स्पष्ट संकेत करते हैं कि आदिकाल से ही भारत में स्वच्छ जीवनशैली को लेकर कितना जबर्दस्त आग्रह रहा है। भारतीय पर्वों यथा होली, दीपावली, रक्षा बंधन, दशहरा, मकर संक्रांति, गुरु पूर्णिमा, सूर्य षष्ठी आदि में सबसे पहले घर एवं वातावरण की स्वच्छता की बात एक संस्कार के रूप में सामने आती है। इन समस्त पर्वों के अवसर पर प्रत्येक भारतीय घर को सजाते-संवारते और स्वच्छ करते हैं। सार्वजनिक स्थलों और सड़कों इत्यादि को भी स्वच्छ किया जाता है।

शुचिता तथा सार्वजनिक जीवन में पारंपरिक व्यवहार कैसा हो तथा किस प्रकार मानसिक विकारों से रहित एक स्वस्थ सामाजिक व्यवस्था का निर्माण हो सके, इसका वर्णन पतंजलि योग-सृजन में विस्तार से दिखाई पड़ता है। इसमें शुचिता पर एक सुंदर व्याख्यान है।

शुचिता का एक बाह्य और दूसरा आंतरिक रूप होता है। बाह्य शुचिता एवं स्वच्छता के निर्धारण के लिए पतंजलि आदि प्राचीन मनीषियों ने भारतीय मानस को संदर्भ मानकर सूत्र बनाए थे। इन मनीषियों के अनुसार, शुचिता का अर्थ अत्यंत व्यापक है। स्वयं के शरीर के प्रति आसक्ति के अभाव को इन्होंने 'शुचिता' की संज्ञा दी है। हमारे प्राचीन मनीषियों और चिंतकों ने प्रारंभ से ही संपर्क और सानिध्य को तो स्वीकार किया था, किंतु किसी भी प्रकार के संसर्ग को स्पष्टतः उनके द्वारा नकार दिया गया। प्राचीन भारतीय चिंतकों के अनुसार, देह के प्रति आसक्ति एवं वैराग्य का भाव ही किसी मनुष्य मात्र को सेवा के मार्ग की ओर प्रवृत्त करता है। यह आसक्ति एवं वैराग्य का भाव इस तत्व पर आधारित है कि यह संपूर्ण समाज एवं मानवता हमसे संबद्ध है और इसकी सेवा में ही हमारा कल्याण है। विश्व की किसी अन्य सभ्यता में इस प्रकार का दुर्लभ मानवीय चिंतन और दृष्टिकोण संभवतः कहीं भी नहीं मिलेगा। ऐसे महान चिंतन की थाती रहा भारत किस प्रकार से गंदी आदतों और अनुशासनहीन जीवन का शिकार हो गया, यह देश के प्रत्येक नागरिक के लिए चिंता और चिंतन का विषय होना ही चाहिए।

बेहतर होगा कि सफाई की आदतें और स्वच्छता को लेकर आवश्यक कौशल तथा तकनीकी जानकारी, नागरिकों को बचपन में ही घर से ही सिखाना प्रारंभ किया जाए। भारतीय घरों और विद्यालयों को राष्ट्र निर्माण एवं नागरिक निर्माण का प्रमुख केंद्र बनना चाहिए। यदि बचपन में ही अच्छी आदतें और अनुशासन का भाव उत्पन्न हो जाए, तो उस व्यक्ति, समाज और राष्ट्र को अनुशासित और सशक्त होने से कोई नहीं रोक सकता। यदि प्रत्येक बच्चा, बचपन से ही घर और विद्यालय में परिजनों और अध्यापकों के साथ स्वच्छता का पाठ सीख ले, तो निश्चय ही घर, विद्यालय, सार्वजनिक स्थल, समाज और राष्ट्र सभी कुछ साफ और सुंदर हो जाएंगे।

स्वच्छता के प्रति जागरूकता पैदा करने के लिए प्रत्येक विद्यालय में जन शिक्षा के कार्यक्रम आयोजित किए जाने चाहिए। इन कार्यक्रमों को आगे चलकर विभिन्न सरकारी एवं गैर सरकारी, सार्वजनिक तथा निजी क्षेत्रों में अभियान के रूप में लागू किया जाना चाहिए। स्पष्ट है कि स्वच्छ एवं सुंदर स्कूल 'स्वच्छ भारत अभ्यिान' की अखिल भारतीय आधारशिला रख सकते हैं। स्वच्छता और सौंदर्यीकरण स्कूल के वातावरण में एक-दूसरे के पूरक बन जाएंगे। जो बच्चे इसमें हिस्सा लेंगे, वे स्वयं स्वस्थ भी रहेंगे और अपने उदाहरण से बड़ों को भी प्रभावित करेंगे। यही बच्चे आगे चलकर एक स्वस्थ, अनुशासित एवं राष्ट्रभक्त नागरिक के रूप में विकसित होंगे।

हर भारतीय का सपना, सुंदर हो देश अपना

सामान्य भारतीय विश्व के अन्य स्थानों पर जब भ्रमण या पर्यटन के लिए जाता है, तो वहां के अनुशासित एवं स्वच्छता के प्रति सजग वातावरण को देखकर स्वयं भी उसी प्रकार का अनुकूल व्यवहार सहज भाव से करने लगता है, किंतु भारत में आते ही उसकी वह भावना समाप्त हो जाती है। संभवतः इसका सबसे बड़ा कारण 'प्रेरणा का अभाव' एवं सामूहिक रूप से 'नागरिक उत्तरदायित्व' की भावनाबोध का न होना है। सामान्य भारतीयों के लिए यह आश्चर्य का विषय हो सकता है कि विश्व के विभिन्न विकसित देश यथा नार्वे, कनाडा, डेनमार्क, सिंगापुर, ऑस्ट्रेलिया, न्यूजीलैंड, अमेरिका, जर्मनी, फ्रांस इत्यादि किस प्रकार अपनी स्वच्छता और सुंदरता के लिए विश्वविख्यात हैं और यह सब संभव हुआ

है इन देशों के नागरिकों के अनुशासित एवं अपने वातावरण को निरंतर स्वच्छ बनाये रखने के प्रति उनकी उत्कृष्ट भावना के कारण।

आज आवश्यकता इस बात की है कि हम यह शपथ लें – ''यह संपूर्ण भारत देश मेरा है और मैं स्वयं कहीं भी गंदगी न तो करूंगा और न ही उसे किसी भी प्रकार से नजरंदाज ही करूंगा। यदि कहीं भी मैं कूड़ा या गंदगी देखता हूं, तो मैं स्वयं उसे तत्काल साफ कर दूंगा या आवश्यकता पड़ने पर संबंधित अथॉरिटी, रेजीडेंट एसोसिएशन या प्रशासन को तत्काल सूचित करूंगा। मैं अपने परिवार व आसपास के लोगों को भी निरंतर प्रेरित करूंगा ताकि वे न केवल अपने घर एवं व्यवसायिक स्थल वरन अपने आस-पड़ोस के वातावरण को भी स्वच्छ रखेंगे।''

स्वच्छता की संकल्पना निश्चित रूप से एक व्यापक अवधारणा है। इसका एक सूक्ष्म और दूसरा वृहद रूप है। सूक्ष्म स्वरूप आंतरिक है और यह नितांत व्यक्तिगत ही है, जबकि वृहद स्वरूप वाह्य है। यह सामाजिक सरोकार से जुड़ा है। आंतरिक स्वच्छता हमारे मन और विचारों से संबंधित है। एक स्वच्छ मन में ही सुंदर विचारों का प्रवास होता है। यही सुंदर विचार, एक सुंदर व्यक्तित्व के निर्माण में सहायक होते हैं। यही स्थिति वाह्य स्वच्छता की है। वास्तव में वाह्य स्वच्छता एक सुंदर और स्वस्थ परिवार, समाज और एक सुदृढ़ राष्ट्र की बुनियाद होती है।

आज स्वच्छता के मायने पूरी तरह से बदल गए से प्रतीत होते हैं। भारत में स्वच्छता एक संकीर्ण अवधारणा के रूप में स्थापित हो गई सी लगती है। कई बार यह भी महसूस होता है कि स्वच्छता का विषय भारत में एक नितांत व्यक्तिगत मुद्दा बनकर रह गया है। कई विशेषज्ञों का यह भी मानना है कि भारत में स्वच्छ-ता के मुद्दे का 'सामाजिक चेहरा' पूरी तरह से गायब है। कहा जा सकता है कि इसके लिए कहीं न कहीं हमारी आर्थिक, सामाजिक और राजनीतिक व्यवस्था और परिवेश जिम्मेदार हैं।

हमारी कथित 'आंतरिक स्वच्छता' का चेहरा काफी हद तक अवैज्ञानिक, हठधर्मी, धार्मिक और कर्मकांडी किस्म का हो चुका है। भारतीय समाज में अनेकों कथा वाचक अलग-अलग ढंग से अपने प्रवचनों के माध्यम से इसी कथित 'आंतरिक स्वच्छता' को लाने का प्रयास कर रहे हैं, लेकिन वाह्य स्वच्छता का पाठ

कहीं नहीं पढ़ाया जा रहा है। स्वतंत्रता प्राप्ति के पश्चात स्वच्छता जैसे महत्वपूर्ण विषय को केवल सरकारों और प्रशासनिक तंत्र के भरोसे छोड़ दिया गया। आज हम अपने घर को साफ करने में पूरी आस्था रखते हैं। उसे एक जिम्मेदारी और कर्तव्य समझते हैं, लेकिन घर की दहलीज लांघते ही यह अहसास खत्म हो जाता है। आखिर क्यों? हमारे लिए सफाई के मायने बदल जाते हैं। हम उसे सरकार का काम समझकर कोसते हैं, जबकि वह हमारे घर की ही गंदगी होती है। कहने का आशय है कि स्वच्छता के प्रति एक नागरिक के रूप में हमारे कुछ सामाजिक दायित्व भी हैं। अब इस दृष्टिकोण से काम नहीं चलेगा कि हमें तो मात्र स्वयं को और अपने घर को साफ रखना है, बाकी काम तो सरकार एवं प्रशासन का है। विकसित राष्ट्र यदि आज स्वच्छ एवं चमकदार दिखाई पड़ते हैं, तो इसके पीछे इन देशों के नागरिकों का वह सामाजिक भाव है, जिसके अंतर्गत वह समाज और राष्ट्र की स्वच्छता को भी अपना निजी दायित्व समझते हैं।

❍❍

2. एक घंटा रोजाना, देश सेवा में लगाना

'स्वच्छता अभियान' वास्तव में सफल तभी होगा, जब यह भारतीयों के मानस और आत्मा में एक सम्मानजनक स्थान बना लेगा। किसी भी देश में नागरिकों की सहभागिता के बिना प्रशासन तंत्र के लिए सार्वजनिक स्थलों को निरंतर स्वच्छ एवं सुंदर बनाये रखना असंभव है। यह भी आवश्यक है कि 'स्वच्छ भारत अभियान' को एक निरंतर चलने वाले कार्यक्रम के रूप में स्थापित किया जाए और प्रत्येक नागरिक के लिए प्रतिदिन आधा से एक घंटा अपने घर या कार्यस्थल या किसी सार्वजनिक स्थल की सफाई करने के लिए निश्चित किया जाना चाहिए।

यह चिंतन एवं चिंता का विषय है कि हम आखिर क्यों साफ-सुथरे नहीं रह सकते हैं और आखिर क्यों हमारा वातावरण और सार्वजनिक स्थल दिन-प्रतिदिन और अधिक गंदे और बदबूदार होते जा रहे हैं? परंपरागत एवं ऐतिहासिक रूप से भारतीय संस्कृति में मन और अंतःकरण की शुद्धि को सर्वाधिक महत्वपूर्ण स्थान दिया गया है। हमारे अध्यात्मिक ग्रंथों और प्रवचनों में निरंतर यह कहा गया है या ऐसे निर्देश दिए गए हैं कि प्रत्येक मानव को 'मन की शुद्धता' का विशेष ध्यान रखना चाहिए। काश! इन धर्मग्रंथों और अध्यात्मिक प्रवचनों में व्यक्ति, देश और समाज को भी इसी प्रकार साफ रखने के सख्त निर्देश यदि दिए गए होते, तो निश्चय ही इसका लाभ भारतीय समाज और राष्ट्र को आज अवश्य मिल रहा होता। इसके विपरीत प्रायः इन धर्मग्रंथों और अध्यात्मिक प्रवचनों में 'शारीरिक स्वच्छता' और 'वातावरण की साफ-सफाई' को हेयदृष्टि से ही देखा गया है और इसे 'विलासिता' तक माना गया है। भारत में आदिकाल से चली आ रही इस ऐतिहासिक गलती को सुधारते हुए वर्तमान परिस्थितियों में हमें अपनी सोच बदलनी होगी।

यह धारणा तब की है, जब भारत एक कृषि प्रधान देश था। वनों एवं वृक्षों से लदा हुआ था। जनसंख्या कम थी। जीवनशैली कहीं अधिक पर्यावरण अनुकूल थी। निश्चित रूप से उस समय स्वच्छता के मर्म को समझने की भी ज्यादा आवश्यकता नहीं पड़ी होगी, परंतु अब समय बहुत बदल चुका है। शायद हम उस समय यह कल्पना नहीं कर पाए होंगे कि आने वाले युग में आधुनिकता और तकनीक का प्रभाव वैश्विक समाज को किस हद तक बदल देगा तथा बेतहाशा जनसंख्या के दबाव में हमारा पारिस्थितिक एवं पर्यावरण तंत्र किस कदर असंतुलित हो जाएगा।

विश्वव्यापी औद्योगिक विकास तथा आर्थिक सुधारों की आंधी में आज हम यह समझ नहीं पा रहे हैं कि प्रतिदिन बेतहाशा बढ़ते कूड़े के ढेर और गंदगी को आखिर हम कहां ले जाएं? स्वीडन जैसे विकसित देशों की भांति हम वह व्यवस्था भी अभी तक विकसित नहीं कर सके हैं, जिसमें समस्त कूड़े और गंदगी को 'रिसाइकिल' किया जा सके। सरकार को इस दिशा में वैज्ञानिकों को शोध के लिए प्रेरित करना होगा और यह कार्य अतिशीघ्र किया जाना चाहिए।

समय बदलने के साथ पॉलीथिन का बढ़ता प्रयोग, बेतहाशा बढ़ती गाड़ियां, मकानों का हो रहा अंधाधुंध निर्माण, तेजी से बढ़ता प्रदूषण और धुआं, वनोन्मूलन तथा प्राकृतिक संसाधनों की कमी जैसी चुनौतियां 'स्वच्छ भारत' के निर्माण के लिए कांटों भरा मार्ग प्रशस्त करती हैं। इस अभियान की सफलता के लिए हमें अपनी जीवनशैली को बदलना होगा। हमें अपने परिवेश को स्वच्छ रखने के लिए पहले से कहीं अधिक उन्नत वैज्ञानिक तौर-तरीके और उससे कहीं अधिक परिपक्व एवं दूरदर्शी सोच का सहारा लेना होगा। चूंकि यह सुविधाभोगी आधुनिक जीवन और संसाधन हमने ही जुटाए हैं, तो उनसे उत्पन्न चुनौतियों का सामना करने की जिम्मेदारी भी हमें ही लेनी होगी। भारत में लोग अपना घर तो साफ-स्वच्छ कर लेते हैं, लेकिन घर के बाहर उनका ध्यान बिल्कुल भी नहीं जाता है। इस संदर्भ में सरकार को एक नया कानून तत्काल लाना चाहिए, जिससे कि प्रत्येक नागरिक के स्तर पर यह जवाबदेही सुनिश्चित की जा सके कि प्रत्येक घर या स्थान के सामने न्यूनतम पांच मीटर तक की साफ-सफाई और स्वच्छता की जिम्मेदारी उस घर या स्थान से संबंधित नागरिक की ही होगी।

अनुशासित भारत, स्वच्छ भारत

'स्वच्छ भारत अभियान' एक अखिल भारतीय अभियान है, जिसे भारत सरकार द्वारा प्रारंभ किया गया है। इस अभियान के तहत देश के 4041 शहरों और कस्बों की गलियां, सड़कों और अन्य संपर्क मार्गों को साफ किया जाएगा। इस अभियान की औपचारिक शुरुआत नई दिल्ली स्थित राजघाट से दो अक्टूबर 2014 को स्वयं प्रधानमंत्री ने झाड़ू उठाकर एक सड़क साफ करते हुए की। निश्चय ही यह भारत का अब तक का सबसे बड़ा स्वच्छता अभियान है, जिसमें 30 लाख सरकारी कर्मचारी और स्कूल तथा कॉलेज के विद्यार्थी सक्रिय रूप से हिस्सा ले रहे हैं। इस अभियान के लिए 62 हजार करोड़ रुपये के बजट का आंकलन किया गया है। इस कार्यक्रम को एक विशाल मानव-श्रृंखला निर्मित करने की योजना के साथ विकसित किया गया है। उल्लेखनीय है कि इस अभियान की घोषणा प्रधानमंत्री ने स्वयं स्वतंत्रता दिवस के अवसर पर आयोजित कार्यक्रम में की थी।

प्रधानमंत्री ने पूरे देश के 125 करोड़ नागरिकों से सक्रिय रूप से इस कार्यक्रम में हिस्सा लेने का आह्वान किया है। प्रधानमंत्री ने इस अवसर पर स्वच्छता अभियान को लोकप्रिय और जनता के लिए प्रेरक बनाने के उद्देश्य से अपनी पसंदीदा 11 लोगों की एक टीम नामित की है। प्रधानमंत्री की इस टीम में अनिल अंबानी, बीपी अब्बास, सचिन तेंदुलकर, सलमान खान, आशिक बोस, प्रियंका चोपड़ा, बाबा रामदेव, कमल हासन, मृदुला सिन्हा, शशि थरूर के अलावा लोकप्रिय टीवी सीरियल 'तारक मेहता का उल्टा चश्मा' की पूरी टीम शामिल है। इस अभियान का लक्ष्य दो अक्टूबर 2019 तक देश को पूरी तरह स्वच्छ बनाने का है। प्रधानमंत्री उस दिन महात्मा गांधी के 150वें जन्म दिन के अवसर पर कृतज्ञ राष्ट्र की ओर से उन्हें स्वच्छ भारत अर्पित करना चाहते हैं। इस अखिल भारतीय अभियान के लिए 62 हजार करोड़ रुपये के बजट का आंकलन किया गया है।

'विश्व बैंक' के एक आंकलन के अनुसार खराब एवं दयनीय सेनिटेशन की वजह से भारत में कुल 'जीडीपी' का 6.4 प्रतिशत हिस्सा व्यर्थ चला जाता है। इसके अतिरिक्त देश में उचित सेनिटेशन न होने की वजह से प्रतिवर्ष हमें 53 बिलियन डॉलर खर्च करने पड़ते हैं। मौजूदा समय में भारत में जहां 26

बिलियन डॉलर प्रतिवर्ष भोजन एवं रोजगार कार्यक्रमों पर खर्च होता है, वहीं 400 मिलियन डॉलर प्रतिवर्ष सेनिटेशन और स्वच्छता को बेहतर करने की दिशा में खर्च होता है। अभी यह अनुपात 7:1 का है, जो भारत में सेनिटेशन के मुद्दे के प्रति सीमित गंभीरता की स्थिति को बयान करता है। इसमें काफी सुधार की आवश्यकता है। अस्वच्छ वातावरण से न केवल देश में लोगों की सेहत खराब हो रही है, बल्कि इससे देश के विकास पर भी बहुत अधिक प्रतिकूल प्रभाव पड़ रहा है।

गांधी जयंती पर शुरू किया गया 'स्वच्छ भारत अभियान' देश की छवि को बदल सकता है। ऐसा किया भी जाना चाहिए, क्योंकि पूरे विश्व में भारत की छवि एक ऐसे देश की है, जिसके नागरिक साफ-सफाई को लेकर गंभीर रूप से लापरवाह हैं। वास्तव में यह लापरवाही और अनुशासनहीन रवैया भारत में सर्वत्र दिखाई पड़ता है। जब भारत में लोग घरों के भीतर तक की सफाई में भी रुचि नहीं लेते हैं, तो यह सहज ही समझा जा सकता है कि भारत में लोगों को सार्वजनिक स्थलों को गंदा करने में तनिक भी संकोच आखिर क्यों नहीं होता? वास्तव में गंदगी में रहना और गंदगी फैलाना एक प्रकार का मानसिक रोग और विकार है, जिससे देश को तत्काल मुक्ति दिलाना आवश्यक है। आज देश में ऐसे स्थान को खोजना कठिन कार्य हो गया है, जहां किसी प्रकार की गंदगी न हो। हमारे पर्यटन स्थल, महानगर, पर्वतीय क्षेत्र और अतिमहत्वपूर्ण क्षेत्र भी गंदगी से मुक्त नहीं है। यहां तक कि हमारे धार्मिक स्थल भी गंदगी से पटे पड़े हैं।

विश्व के कई देश केवल इसलिए उल्लेखनीय प्रगति कर सके हैं, क्योंकि वहां की सरकार और नागरिकों ने स्वच्छता को 'सर्वोच्च प्राथमिकता' दी है और उसे अपने नियमित जीवन का आधारभूत अंग बना लिया है। भारत में भी साफ-सफाई की जिम्मेदारी नागरिकों को अपने कंधों पर लेनी ही होगी, जबकि सरकार और स्थानीय निकायों को यह व्यवस्था करनी होगी कि किस प्रकार शत-प्रतिशत कूड़े का निस्तारण और प्रबंधन समुचित रूप से किया जा सके? कूड़े को रिसाइकिल कर ऊर्जा अथवा खाद बनाने की तकनीक का देश में आज व्यापक स्तर पर प्रयोग किए जाने की आवश्यकता है। चूंकि ऐसा नहीं हो पा रहा है, इसीलिए हम एक तरफ तो पूरे देश को कूड़े के ढेर में बदलते जा रहे हैं, वहीं दूसरी तरफ एक महत्वपूर्ण विकासपरक 'औद्योगिक गतिविधि' से भी देश को वंचित कर रहे हैं।

बंद करो बहाना, कुछ करके है दिखाना

इस तर्क से काम नहीं चलेगा कि भारत एक गरीब देश है और निर्धनता के कारण वह स्वच्छ नहीं रह सकता। वास्तव में यह अपने दायित्वों से पलायन तथा काम न करने का बहाना मात्र है। वस्तुतः स्वच्छता का सीधा संबंध संस्कारों और जीवनशैली से जुड़ा होता है। यही कारण है कि स्वच्छता के प्रति समझ भाव के चलते एक सामान्य घर या ग्रामीण अंचल में एक झोपड़ी को भी सुंदर, स्वच्छ एवं आकर्षक बनाया जा सकता है। इसमें धन से अधिक आवश्यकता समझदारी की है। गंदगी न केवल एक राष्ट्र के रूप में हमारी प्रतिष्ठा को धूल-धूसरित कर रही है, बल्कि इससे आर्थिक रूप से भी देश की कमर टूट रही है।

स्वच्छता के दोहरे लाभ होंगे। एक तो बीमारियां रुकेंगी, दूसरे इन पर खर्च होने वाली देश की भारी रकम भी बचेगी, जिसे राष्ट्रीय विकास के कार्यों में लगाया जा सकेगा। विज्ञान के क्षेत्र में देश की उपलब्धियां बहुत अच्छी रही हैं और यह नित्य निरंतर जारी भी हैं, किंतु देश में आज भी हम सीवर और नालों तथा पानी की उचित निकासी की व्यवस्था नहीं कर सके हैं। यह घोर चिंता एवं लज्जा का विषय है। भारतीय वैज्ञानिकों और अनुसंधानकर्ताओं को ऐसी नई तकनीकों, यंत्रों और खोजों के साथ सामने आना चाहिए, जिससे गंदगी से पटे पड़े भारत को स्वच्छ एवं कूड़ामुक्त बनाया जा सके।

संयुक्त राष्ट्र की एक रिपोर्ट में कहा गया है कि भारत में जहां मात्र 38 करोड़ लोगों के पास स्वच्छता एवं शौचालय की सुविधा उपलब्ध है, वहीं 60 करोड़ भारतीयों के पास सेलफोन मौजूद हैं। इससे यह सिद्ध होता है कि भारत में शौचालय से अधिक महत्व सेलफोन को मिला हुआ है। इससे यह भी पता चलता है कि देश के नागरिकों को सेलफोन में पैसा खर्च करना अखरता नहीं है, जबकि शौचालय के निर्माण में खर्च करने में उनकी रुचि नहीं है। इस उदाहरण से यह स्पष्ट होता है कि भारतीय नागरिक अपनी प्राथमिकताएं चुनने के मामले में किस कदर अदूरदर्शी और अपरिपक्व हैं? यह जानना भी आवश्यक है कि वे कौन से सामाजिक, सांस्कृतिक और आर्थिक कारक हैं, जो इस दिशा में मूल व्यवहारगत बदलाव की मांग करते हैं? दरअसल परंपरागत रूप से भारत में खुले में शौच करने को सामाजिक स्वीकृति मिली हुई है। यही वजह है कि प्रायः शौचालय के उपयोग और गंदगी के सुरक्षित निस्तारण को प्रेरित करने वाले अभियानों को विभिन्न समुदायों और परिवारों के विरोध का भी सामना करना

पड़ता है। कई लोग ऐसे भी हैं, जिनका मानना है कि शौचालय गंदे होते हैं और इन्हें घर के अंदर नहीं होना चाहिए।

भारत में बहुत बड़ी संख्या में अशिक्षित जनता निवास करती है। यह भी स्पष्ट है कि शिक्षित नागरिकों को तुलनात्मक रूप से स्वच्छता की समझ कहीं अधिक होती है और उनकी तुलना में निरक्षर जनता को इसका महत्व समझाने में मुश्किल आती है। विशेष रूप से इस दिशा में महिलाओं को अधिक शिक्षित और जागरूक करने की आवश्यकता है, क्योंकि उन्हीं के माध्यम से छोटे बच्चों तक पहुंचने वाले स्वच्छता और स्वास्थ्य से जुड़े यह संस्कार तेजी से राष्ट्र को बेहतर परिणाम दे सकते हैं।

स्वच्छता को एक संस्कार के रूप में प्रतिष्ठित करने की आवश्यकता है। ऐसा करके ही हम समाज में श्रम को अपेक्षित महत्व और यथोचित सम्मान प्रदान कर सकते है। 'विश्व स्वास्थ्य संगठन' की एक रिपोर्ट के अनुसार, गंदगी और उससे उपजी संक्रामक बीमारियों के कारण एक औसत भारतीय को प्रतिवर्ष सात हजार रुपये का नुकसान उठाना पड़ता है। यह चोट सबसे अधिक भारत के निर्धन वर्ग पर पड़ती है, जिसकी संख्या देश में 60 करोड़ से अधिक है। इससे सहज ही यह समझा जा सकता है कि स्वच्छता भारत की आर्थिक समृद्धि में कितना बड़ा योगदान दे सकने में समर्थ है। स्वच्छता से देश को बहुआयामी लाभ होगा। सफाई के अभाव में देश को भयंकर आर्थिक नुकसान उठाना पड़ रहा है। यहां तक कि विश्व में सर्वाधिक दर्शनीय स्थलों वाला देश होने के बावजूद भारत में पर्यटन उद्योग को मात्र गंदगी के कारण गंभीर रूप से क्षति उठानी पड़ रही है।

भारत के गंदा और बीमार होने के तथ्य एवं इसके निदान के प्रति हर भारतीय में जागरूकता एवं दूरदर्शिता होनी ही चाहिए। वास्तव में यह आज समय की मांग है। भारत को स्वच्छ बनाने में स्वयं को हर प्रकार की चुनौती के लिए सक्रिय रूप से तैयार रखने की प्रतिबद्धता प्रत्येक भारतीय में होनी ही चाहिए। प्रत्येक व्यक्ति के लिए अपने घर, कार्य क्षेत्र, आसपास एवं सार्वजनिक स्थलों को पूर्णरूपेण स्वच्छ एवं सुंदर बनाने की तथा इसमें निरंतरता बनाये रखने की आवश्यकता है।

पिछले कुछ दशकों में पूरी दुनिया में सड़कों पर उतरी गाड़ियों की विशाल फौज, प्रदूषण बढ़ाने वाले उद्योगों की बाढ़, विलासिता के साधनों को बढ़ाने वाली तकनीक एवं उसमें खपायी जा रही विशालकाय ऊर्जा और उसकी आपूर्ति के लिए

अपनाए जा रहे अनैतिक रास्ते आज एक वैश्विक सत्य है। भारत भी इससे अलग नहीं है। इस प्रकार के अनियोजित एवं पर्यावरण विरोधी विकास के चलते आज हम कई तरह की विपदाओं का सामना करने के लिए अभिशप्त हैं। यह भी आवश्यक है कि पर्यावरण और स्वच्छता के मुद्दों पर अंतर्राष्ट्रीय व राष्ट्रीय सम्मेलनों मात्र में ही बहस न हो तथा यह अभियान मात्र वर्ष के कुछ दिन विशेष तक सीमित होकर न रह जाए, वरन इस प्रकार की बहस और परिचर्चा में जन-जन की भागीदारी हो और गांव-गांव तक इस मुद्दे के प्रति सही जानकारी और समझदारी विकसित हो सके, तभी हम सही मायने में स्वच्छ एवं स्वस्थ भारत का निर्माण कर सकेंगे।

3. कूड़ा निस्तारण प्रबंधन

भारत में स्वच्छता पर चल रहे विमर्श का सबसे महत्वपूर्ण हिस्सा निश्चित रूप से कूड़े का निस्तारण और उचित प्रबंधन है। शहरों में स्वच्छता की दिशा में कोई भी प्रयास तब तक कारगर नहीं होंगे, जब तक कि कूड़े का उचित निस्तारण और प्रबंधन नहीं होगा। भारतीय अनुभव यह बताता है कि अभी हमारा प्रशासन और नियोजन तंत्र इस दिशा में पर्याप्त सक्षम नहीं हो सका है। आज भी देश में कूड़े का निस्तारण और प्रबंधन एक बड़ी समस्या है। कूड़े के निस्तारण के लिए देश में विशेषज्ञ स्तर पर प्रयास किए जा रहे हैं तथा कई सरकारी और गैर सरकारी संस्थाएं इस समस्या से निजात दिलाने के लिए निरंतर कार्य कर रही हैं। यद्यपि इस समस्या का समाधान भारतीय संविधान में भी दिया गया है।

संविधान में जिला स्तर पर जिला नियोजन समिति गठित करने का प्रावधान है। इस समिति में तीन-चौथाई सदस्य जिला पंचायत एवं नगरपालिकाओं से होंगे। यह समिति जिले की विकास योजनाओं का मसौदा तैयार करेगी और ऐसा करते हुए यह समिति पंचायत एवं नगरपालिकाओं के बीच के मुद्दों पर ध्यान देने के साथ-साथ पानी का बंटवारा, अनेक प्राकृतिक संसाधनों, एकीकृत रूप से संरचना का विकास एवं पर्यावरण संरक्षण को भी ध्यान में रखेगी। स्वच्छता के लिए इस प्रावधान को अमल में लाने की जरूरत है।

यह निराशाजनक है कि कुछ राज्यों को छोड़कर कहीं भी ये समिति गठित नहीं हुई है। जहां गठित हुई भी है, तो कार्य नहीं कर रही है। स्वच्छता को सफल बनाने के लिए अन्य महत्वपूर्ण पहलू पानी की उपलब्धता है, क्योंकि अगर पानी ही नहीं है, तो स्वच्छता को लागू करना कठिन कार्य है। पानी की उपलब्धता सुनिश्चित करने के लिए समन्वित रूप से कार्य करने की जरूरत है। उदाहरण के लिए छतों

पर वर्षा जल संग्रह, वृक्षारोपण जल संचय प्रबंधन की जरूरत है। इसके लिए ग्राम पंचायत स्तर पर ग्राम स्वास्थ्य एवं स्वच्छता समिति की सबसे अहम भूमिका है। इन समितियों को समुदाय आधारित स्वास्थ्य सेवाओं के क्रियान्वयन और निगरानी में शामिल किया जाना चाहिए। इन समितियों की भागीदारी पंचायत समिति एवं जिला पंचायत स्तर पर भी होनी चाहिए, ताकि स्वच्छता के मुद्दों पर तीनों स्तरों पर चर्चा एवं निर्णय लिए जाएं और फिर सामूहिक रूप से उनको लागू किया जाए।

स्वच्छता के संबंध में अध्ययन एवं मूल्यांकन बताते हैं कि जहां कहीं पंचायतों को धन, संसाधन, अधिकार तथा आवश्यक जनशक्ति उपलब्ध कराई गई है, वहां पर जल उपलब्धता एवं स्वच्छता के संदर्भ में बेहतर परिणाम प्राप्त हुए हैं। स्वयंसेवी संस्थाओं ने जहां-जहां ग्रामीणों को संगठित करके उनमें स्वच्छता के प्रति जागरूकता एवं चेतना उत्पन्न की है, वहां पर भी परिणाम अच्छे दिखाई दिए हैं। स्वच्छता के संदर्भ में हमें लोगों की सोच में बदलाव लाने की जरूरत है। भारत के नागरिकों को उन विकसित राष्ट्रों तथा स्वच्छ स्थानों के विषय में उदाहरण के रूप में बताया जाना चाहिए, जहां स्वच्छता और नागरिकों की एकजुटता से बेहतर बदलाव आए हैं।

पंचायती राज व्यवस्था भारत में स्वशासन की दिशा में मील का पत्थर सिद्ध हुई है। चूंकि भारत की अधिसंख्य जनता अभी भी गांवों में निवास करती है और मूलतः भारत गांवों का देश है, ऐसे में स्वाभाविक ही है कि देश को स्वच्छ बनाने का महत्वाकांक्षी लक्ष्य भी बिना ग्रामीण जनता की सहभागिता के पूरा नहीं होगा। यह सुनिश्चित है कि स्वच्छ भारत के निर्माण का सपना तब तक पूरा नहीं हो पाएगा, जब तक कि नगर पालिकाओं एवं नगर निकायों की कूड़ा निस्तारण व्यवस्था दुरुस्त नहीं होगी। सड़कों, गलियों और सार्वजनिक स्थलों में लगने वाले झाड़ू तथा की गई साफ-सफाई का कोई महत्व तभी होगा, जब उस कूड़े को किनारे से तथा कूड़ेदानों से उठाने की उचित, नियमित एवं निरंतर व्यवस्था हो। इस दिशा में आंध्र प्रदेश की बाब्बली नगरपालिका ने अनुकरणीय उदाहरण देश के समक्ष प्रस्तुत किया है। यहां घर से दो प्रकार का कूड़ा अलग-अलग एकत्रित किया जाता है। गीले कूड़े को जहां पशुओं के खाने के लिए रख दिया जाता है, वहीं शेष को कम्पोस्ट करके खाद के रूप में बेचा जाता है। कुछ हिस्से को रिसाइकिल किया जाता है तथा शेष को लैंडफिल में डाल दिया जाता है। इस

प्रकार से सही सूझ-बूझ द्वारा सम्पूर्ण कूड़े का सुविचारित ढंग से निस्तारण किया जाता है। इस योजना को पूरे देश में लागू किया जाना चाहिए।

देश में कई स्थानों पर कूड़े को जलाकर बिजली का उत्पादन किया जा रहा है, लेकिन इससे विषाक्त गैसों का उत्सर्जन होता है और विषैली राख घरों में जाती है। इस संदर्भ में 'नेशनल ग्रीन ट्रिब्यूनल' ने भी सरकार को सही दिशा में कदम उठाने के लिए निर्देशित एवं प्रेरित किया है। सरकार को बिजली उत्पादन के साथ-साथ कूड़े की रिसाइकिलिंग पर भी उचित ध्यान देना ही होगा, अन्यथा समस्या जस की तस, यथावत बनी ही रहेगी। वर्तमान में कूड़े से बिजली बनाने पर 'केंद्रीय नवीनीकरण ऊर्जा मंत्रालय' द्वारा भारी-भरकम धनराशि सब्सिडी के रूप में दी जा रही है। बिजली का उत्पादन और कूड़े की रिसाइकिलिंग आपस में परस्पर विरोधी अवयव के रूप में दिखायी पड़ रहे हैं। इस स्थिति को बदलना होगा और इस संदर्भ में एक संतुलित मार्ग अपनाना होगा। कूड़े की रिसाइकिलिंग के लिए नगर पालिकाओं एवं नगर निकायों को सब्सिडी देने पर विचार किया जा सकता है।

कुछ और छोटी-छोटी परंतु अत्यंत महत्वपूर्ण व्यावहारिक समस्याएं हैं, जैसे-सड़क, रेल की पटरियों, सार्वजनिक स्थलों इत्यादि से कूड़ा उठाने वाले, कूड़ा बीनकर कबाड़ियों तक पहुंचाते हैं। कबाड़ी एक खास किस्म का कूड़ा ही खरीदते हैं। बाकी कूड़े को उठाने-बीनने वाले जहां-तहां छोड़ देते हैं, जबकि उसको रिसाइकिल किया जा सकता है। ऐसे में यह आवश्यक है कि कूड़ा उठाने-बीनने वालों के कल्याण एवं सम्मान के लिए उनके द्वारा एकत्रित सम्पूर्ण कूड़े को खरीदने की व्यवस्था की जाए। इस प्रकार की उचित व्यवस्था के बाद ही सही मायनों में 'स्वच्छ भारत' के लक्ष्य तक पहुंचा जा सकेगा।

यह एक तथ्य है कि भारतीय नागरिक आदिकाल से ही पारंपरिक एवं सांस्कृतिक रूप से स्वच्छता प्रेमी रहे हैं। ऐसे में यह काफी हद तक सरकारी एवं नियोजन तंत्र की विफलता ही कही जाएगी जिसके चलते पूरा देश भयावह गंदगी का शिकार हैं। भारत में नियोजन तंत्र नागरिकों में स्वच्छता को लेकर समुचित प्रेरणा का भाव पैदा नहीं कर सका है, जो उसकी गंभीर विफलता कही जाएगी। भारत में सड़कों एवं सभी मार्गों पर हर छोटे शहर, गांव और महानगर में दोनों ओर भयंकर अतिक्रमण दिखायी पड़ता है। नालियों की नियमित सफाई

तक नहीं होती, इस दुर्व्यवस्था से निपटा जाना चाहिए। आखिर क्यों सर्वत्र फैली गंदगी और अतिक्रमण से हमारा तंत्र एवं नियोजन आंख फेर लेता है? देश को गंदा करने वालों से किसी भी प्रकार की दुरभिसंधि आखिर क्यों की जा रही है? कठोर कानून बनाकर देश को गंदा करने के किसी भी प्रयास को अब सख्ती से रोकना ही होगा।

भारत में आधुनिक विकास की योजनाएं कुछ इस रूप में सामने आयी हैं कि अस्त-व्यस्त एवं अनियोजित ढंग से सड़कों की खुदाई का कार्य निरंतर चलता ही रहता है। कहीं कोई योजना ही नहीं है। हर महीने अलग-अलग कार्यों तथा कारणों से खुदाई होती ही रहती है। कोई भी इससे पैदा होने वाली गंदगी, नुकसान और असुविधा की चिंता नहीं करता। प्रशासनिक तंत्र इस संदर्भ में कोई ठोस एवं कारगर योजना क्यों नहीं बना सकता? एक लचर, अस्त-व्यस्त, प्रेरणाविहीन एवं दिशाहीन तंत्र के साथ कैसे हम 'स्वच्छ भारत' की कल्पना कर सकते हैं और विकसित एवं सशक्त राष्ट्रों की कतार में शामिल हो सकते हैं।

देश में सड़कों की बदहाल दशा तथा इनके किनारे सर्वत्र पटी पड़ी गंदगी भयावह स्वास्थ्य समस्याओं को बढ़ावा दे रही है। रोड डिवाइडर बेकार हो चुके हैं। हमारे नगर निकायों के पास पेशेवर विशेषज्ञों का अभाव है, जिसके चलते अच्छे परिणाम नहीं आ पा रहे हैं। भ्रष्टाचार विकट समस्या है, जिससे कार्य की गुणवत्ता और उपादेयता का भाव नष्ट हो जाता है। कार्यों की सही निगरानी भी नहीं हो पाती और इसके परिणामस्वरूप गंदगी जैसे 'राष्ट्र विरोधी कार्य' से हमारा सरकारी तंत्र आंखें फेर लेता है।

यह जानकर बड़ी वेदना होती है कि आज 21 वीं शताब्दी के उन्नत वैज्ञानिक युग में प्रवेश करने के बाद भी विश्व में खुले में शौच जाने वालों की कुल जनसंख्या का 60 प्रतिशत हिस्सा केवल भारत में निवास करता है। भारत में स्वच्छता की चर्चा बुद्धिजीवी वर्ग द्वारा इस आशय से भी की जाती है कि स्वच्छता का लक्ष्य प्राप्त करके ही भारत वैश्विक मंच पर गंदे राष्ट्र के रूप में स्थापित अपनी खराब छवि को बेहतर कर सकता है।

इस तथ्य पर विचार किया जाना चाहिए कि क्या हम इतने तुच्छ श्रेणी के मनुष्य हैं कि हम स्वयं के लिए औसत स्वच्छता के मानक भी स्थापित नहीं कर सकते? एक और तथ्य उभरकर सामने आता है कि सरकार की विभिन्न

योजनाओं के द्वारा देश में काफी बड़ी संख्या में शौचालयों का निर्माण किया गया है, लेकिन जल के अभाव की वजह से देश में उनका व्यापक रूप से प्रयोग नहीं हो पा रहा है। सरकारी आंकड़े बताते हैं कि इस प्रकार से सरकारी योजनाओं से तैयार किए गये शौचालयों में से मात्र आधे ही वास्तव में प्रयोग किए जा पा रहे हैं।

स्वच्छता किसी भी 'स्मार्ट सिटी' के लिए एक बुनियादी आवश्यकता है और यह लक्ष्य रातों-रात प्राप्त नहीं हो सकता। यूरोप और अमेरिका के विकसित एवं धनी राष्ट्रों में भी एक लंबे समय की तैयारी, व्यापक जनसहभागिता, नागरिक दायित्व बोध और सख्त अनुशासन की बदौलत ही यह संभव हो पाया है। निश्चित रूप से स्वच्छता के लक्ष्य को प्राप्त करने के लिए जनसहभागिता सबसे महत्वपूर्ण तथ्य है। नागरिकों का भी यह दायित्व है कि वे देश, समाज और अपने शहर को स्वच्छ बनाने तथा इस स्वच्छता को निरंतर कायम रखने में अपने हिस्से के दायित्व को समझें। वर्तमान भारत सरकार ने स्वच्छता को लेकर इन दिनों जो राष्ट्रव्यापी अभियान चलाया है, वह बहुत अहम है। शहरों में कचरे का निस्तारण और प्रबंधन किस प्रकार से हो और उसमें प्रत्येक व्यक्ति की क्या भूमिका होगी, इस विषय में देश के प्रत्येक नागरिक को जागरूक होना होगा तथा उसे स्वयं को इस अभियान से जोड़ना होगा।

सामान्यतः कचरा प्रबंधन एवं कूड़ा निस्तारण में कई प्रकार की प्रणालियां प्रचलित हैं। इनके अनुसार मुख्यतः तीन प्रकार के कचरे होते हैं। यथा-एक है रसोई और बाथरूम का कचरा, इसके प्रबंधन के लिए एक अलग वैज्ञानिक विधि का प्रयोग किया जा सकता है। एक कचरा वह होता है जिसकी रिसाइकिलिंग की जा सकती है, जैसे अखबार-कागज वगैरह। इसका प्रबंधन औद्योगिक एवं उद्यमशील ढंग से किया जा सकता है। तीसरा कचरा वह होता है, जिसकी रिसाइकिलिंग नहीं हो सकती। यह कचरा सबसे ज्यादा परेशानी पैदा करने वाला होता है। भारत में दुर्भाग्यवश इस प्रकार का कचरा सबसे ज्यादा होता है।

अनियोजित प्रबंधन और कामचलाऊ तौर-तरीकों के कारण भारतीय समाज में इस प्रकार का कचरा सबसे ज्यादा हो रहा है। नागरिक अपनी सुविधा और बचत के लिए प्लास्टिक जैसी घातक वस्तुओं का बड़ी मात्रा में प्रयोग कर रहे हैं, जिनको रिसाइकिल करना भारत में अभी भी एक दुरूह चुनौती है और इसके चलते भारत में पर्यावरण एवं स्वच्छता की स्थिति विचित्र होती जा रही है। यदि

ऐसा ही चलता रहा और कोई ठोस उपाय नहीं किया गया, तो यह कचरा भारत जैसे विशाल जनसंख्या वाले विकासशील देश के लिए विनाश का इकलौता कारण बन सकता है। इसके लक्षण भी दिखने शुरू हो गए हैं।

भारतीय शहरों में सभी नालियां और सीवर प्रायः जाम पड़े रहते हैं। पार्कों, सड़कों और समस्त सार्वजनिक स्थलों पर हर तरफ प्लास्टिक बैग और पन्नियां बिखरी दिखाई पड़ती हैं। कई बार पशु इस प्रकार के घातक प्लास्टिक कचरे को खा जाते हैं। यह स्थिति अत्यंत भयानक है। इस विषय में तत्काल ठोस सख्त कानून और अनुशासन कायम करने की आवश्यकता है। प्रत्येक क्षण के साथ देर होती जा रही है और हम बड़ी तेजी से विनाश की ओर बढ़ते जा रहे हैं। स्पष्ट है कि इस प्रकार के कूड़ा प्रबंधन एवं निस्तारण में सबसे ज्यादा सावधानी बरतने की जरूरत पड़ती है। भारतीय शहरों में सही ढंग से साफ-सफाई और व्यवस्थित कचरा प्रबंधन तभी हो सकता है, जब प्रत्येक नागरिक बढ़-चढ़कर उत्साहपूर्वक, रचनात्मक ढंग से इस अभियान में हाथ बंटाए।

भारत में इस समय शहरी क्षेत्रों में प्रतिवर्ष 68.7 मिलियन टन ठोस कूड़ा उत्पन्न होता है, जो कि वर्ष 2041 तक बढ़कर 160.5 मिलियन टन प्रतिवर्ष का आंकड़ा पार कर जाएगा। इसी प्रकार भारत में ग्रामीण क्षेत्रों में प्रतिवर्ष 0.4 मिलियन टन कूड़ा उत्पन्न होता है। भारत में ग्रामीण क्षेत्रों में होने वाली 88 प्रतिशत बीमारियां साफ पानी, सेनिटेशन एवं उचित कूड़ा प्रबंधन के अभाव में होती हैं। आंकड़े यह भी बताते हैं कि देश में नगर निकायों में आवश्यक श्रम शक्ति का अभाव है, जिसके कारण समुचित एवं नियमित रूप से सफाई एवं कूड़ा प्रबंधन का कार्य संभव नहीं हो पा रहा है।

वास्तव में गंदगी करना एक राष्ट्र विरोधी कार्य घोषित होना चाहिए और इसके लिए कठोर दंडात्मक व्यवस्था की जानी चाहिए। क्या कारण है कि इस देश में केवल सेना और सुरक्षा तंत्र से जुड़े क्षेत्र एवं कार्यालय ही स्वच्छ दिखाई पड़ते हैं? भारत में स्वच्छता एवं कूड़ा प्रबंधन को लेकर कुछ बड़ी खामियां दिखाई पड़ती हैं। यथा- कूड़ेदान के अभाव में नागरिकों को यह समझ नहीं आता कि गंदगी कहां फेंके? हमारी मानसिकता जिसके तहत हम पहले से ही गंदे स्थान पर और गंदगी फेंकने में तनिक भी संकोच नहीं करते और कई बार तो गंदगी फेंकने के लिए अतिरिक्त रूप से प्रेरित तक हो जाते हैं। भारत में बड़ी संख्या में

बेसहारा-पालतू जानवर सड़कों एवं सार्वजनिक स्थानों पर बेरोक-टोक टहलते रहते हैं। यह बेसहारा जानवर कहीं भी बड़ी संख्या में झुंड के रूप में बैठ जाते हैं और गंदगी पैदा करते हैं। यहां तक कि इनके मालिक भी भोजन के लिए इन्हें खुला छोड़ देने में तनिक भी संकोच नहीं करते।

गौ रक्षा को जीवन का आधार मानने वाले इस देश में आज गायों की दुर्दशा किसी से छिपी हुई नहीं है। यह हाल तब है, जबकि हम जानते हैं कि गाय से मानव जीवन को अनेकानेक लाभ प्राप्त हैं। भारत में गाय से प्राप्त दूध, गोबर और मूत्र तीनों के ही अनेक लाभ अधिसंख्य जनता आदिकाल से प्राप्त करती आ रही है। प्राचीन समय में और ग्रामीण क्षेत्रों में अभी भी गाय के गोबर से घर को लीपा जाता है, जिससे घर सुंदर और स्वच्छ दिखते हैं। बच्चों के लिए गाय के दूध को आदिकाल से ही सर्वश्रेष्ठ माना जाता रहा है। गौमूत्र से भी कई रोगों की दवा बनाई जाती है। इस सबके बावजूद कृतघ्न मनुष्य ने भारतीयता की प्रतीक गाय को दर-दर की ठोकरें खाने के लिए विवश कर दिया है। यह उस देश में हो रहा है, जहां गाय को श्रद्धा, सम्मान और गौरव के भाव से देखा जाता रहा है। बेसहारा गायें सड़क किनारे कचरे के ढेर में से जो कुछ मिल जाए, वही खाकर गुजारा कर रही हैं। यहां तक कि वे बड़ी मात्रा में गंदा खाना और पॉलीथिन खाने के लिए विवश हैं और इसके चलते गंभीर रोगों की शिकार हो रही हैं। यही कारण है कि गाय के गोबर से अब बदबू आनी शुरू हो गई है और इसका दूध भी सेवन योग्य नहीं रह गया है। स्वयं गाय भी कई प्रकार के गंभीर रोगों और बांझपन की शिकार हो रही हैं।

यह बात समझ से परे है कि क्यों भारत में किसी प्रकार का कोई अनुशासन कभी कायम ही नहीं हो पाता है। पूरा देश एक विचित्र किस्म की अनुशासनहीनता और डग्गेमारी का शिकार है। समस्याएं बढ़ती जा रही हैं, किंतु न समाज को ही कोई चिंता है और न ही नागरिकों को। बस सभी हर समय सरकार की ओर मुंह ताकते रहते हैं। मानो हर बीमारी इनके पास और समस्या का इलाज सरकार के पास है।

इन समस्याओं के निवारण के लिए यह आवश्यक है कि नगर निकायों एवं प्रशासनिक तंत्र को पूरे देश में हर जगह प्रत्येक 20 मीटर पर एक बड़े डस्टबिन (कूड़ेदान) की व्यवस्था करनी चाहिए। इसके अलावा नागरिकों में यह समझ और प्रेरणा विकसित की जानी चाहिए कि गंदगी पैदा ही न हो अथवा न्यूनतम हो,

इसके लिए वे स्वयं निरंतर सचेष्ट एवं सक्रिय रहें। बेसहारा एवं पालतू जानवरों के रख-रखाव एवं उनके उचित पालन-पोषण के संदर्भ में देश में कोई ठोस योजना एवं चिंतन का अभाव है। इसके बिना न तो देश में स्वच्छ वातावरण ही स्थापित होगा और न जानवरों के साथ ही यथोचित बर्ताव हो सकेगा। स्वच्छता की ओर एक कदम वास्तव में देश को स्वस्थ एवं समृद्ध बनाने की ओर उठाया गया एक मजबूत कदम साबित होगा। यह सुनिश्चित है कि एक 'स्वस्थ भारत' ही 'सक्षम एवं सशक्त भारत' बन सकता है।

स्वच्छ भारत की तैयारी : जन-जन की भागीदारी

वर्षों पहले स्वामी विवेकानंद ने निराश एवं परतंत्र देश का आह्वान किया था कि उठो, जागो और तब तक न रुको जब तक कि तुम्हारा लक्ष्य तुम्हें प्राप्त न हो जाए। आज एक शताब्दी से भी अधिक समय बीतने के बाद पुनः उसी आह्वान और उसके भाव को प्रत्येक भारतवासी को अपनी आत्मा, अपने मानस और अपने कर्मों में ढालने की आवश्यकता महसूस हो रही है। यदि समस्त भारतीय नागरिक ऐसा कर सकें, तभी वास्तव में हम उस लक्ष्य तक पहुंच पाएंगे, जहां हमें पहुंचना चाहिए।

यह तो तय है कि देश के सभी व्यक्ति स्वच्छ और स्वस्थ रहना चाहते हैं, फिर दिक्कत क्या है कि हमारा देश स्वच्छ एवं सुंदर नहीं बन पा रहा है? क्या औसत भारतीय कर्महीन, पुरुषार्थविहीन और गैर जिम्मेदार हो गया है? क्या हमारी चेतना और प्रेरणा समाप्त हो गयी है? क्या हम किंचित मात्र भी दूरदर्शी नहीं हैं? क्या हम अपने समाज एवं राष्ट्र के प्रति जिम्मेदार, चिंतित व सचेष्ट नहीं हैं? जो भी हो यह स्थिति कदापि अच्छी नहीं है और इसे तत्काल बदलना ही होगा। इस संदर्भ में हमें यह ठोक-बजाकर समझ लेना चाहिए कि इस मामले में अब हमारे पास न कोई विकल्प है और न ही अतिरिक्त समय। वैसे भी हमें विकल्प और अतिरिक्त समय चाहिए ही क्यों? क्यों हम कर्मयोगी नहीं रह गये हैं?

गीता के कर्मयोग को समस्त विश्व को समझाने वाली इस भूमि पर सफाई कार्य से कतराना और इसे नजरंदाज करना न केवल लज्जास्पद है, वरन एक राष्ट्र के रूप में हमारे लिए शर्मनाक भी है। बिना वास्तविक कर्म और सचेष्ट प्रयासों

के 'स्वच्छ भारत अभियान' वैसे ही एक खोखला नारा बनकर रह जाएगा, जैसा इंदिरा गांधी का 'गरीबी हटाओ' स्लोगन का हश्र हुआ था। आखिर कब तक हम वैश्विक मंच पर एक गंदे देश की पहचान के साथ अपनी खिल्ली उड़वाते रहेंगे? आखिर क्यों हमें एक नागरिक के रूप में इस मुद्दे पर शर्मिंदगी का एहसास नहीं होता?

यदि हम गंदे हैं, तो कितनी ही विद्वता, समृद्धि और ज्ञान के बावजूद हम प्रतिष्ठा अर्जित नहीं कर सकते। यही बात समाज और देश पर भी लागू होती है। मंच, माला, माइक और कैमरों के ढोंग से बाहर आकर अनाम और गुमनाम रहते हुए देश की सेवा करने वाले नागरिक ही असली राष्ट्र भक्त, दूरदर्शी और वीर होते हैं। यह देश वास्तव में ऐसे ही असंख्य कर्मयोगियों की पावन कर्मभूमि है। एक नागरिक के रूप में हमें इसी प्रकार का जिम्मेदार, चिंतनशील और निरंतर सक्रिय भारतवासी बनना होगा। देश भाषणों, सरकारी कार्यक्रमों, मीडिया बहसों, सेमिनारों, लेखों और रैलियां आयोजित करने मात्र से स्वच्छ नहीं होगा। यह देश के अनाम कर्मयोगियों और राष्ट्रभक्तों के पौरुष, निरंतर कर्म और चेतना से ही होगा। नागरिकों को 'यह पूरा देश मेरा घर है और मैं ही इस घर का मालिक हूं', यह भाव स्वयं की चेतना में विकसित करना होगा। इसके बिना पूर्णरूपेण 'स्वच्छ भारत' का अभीष्ट एवं स्थिर लक्ष्य प्राप्त नहीं हो सकेगा। वास्तव में 'स्वच्छ भारत' ही सम्मानित भारत, समृद्ध भारत और सांस्कृतिक भारत के रूप में लब्ध प्रतिष्ठित हो सकेगा।

सामान्यतः हम धार्मिक स्थलों पर और कहीं-कहीं घर में भी जूते पहनकर नहीं जाते हैं। यह ऐसे संस्कार हैं, जो सिद्ध करते हैं कि हम स्वभाव एवं संस्कार से स्वच्छता प्रेमी तो हैं, परंतु सार्वजनिक स्थानों पर हमारी यह प्रेरणा और चेतना न जाने कहां गायब हो जाती है? यह भी प्रश्न उठता है कि देश के स्वच्छ न रह पाने के लिए दोषी कौन है? नियोजन तंत्र, नगर निकाय या नागरिक? वास्तव में तीनों ही स्तरों पर काफी काम किए जाने की आवश्यकता है। पश्चिमी यूरोप और उत्तरी अमेरिका के विकसित देशों में साफ-सफाई का नियमित कार्य किसी निकाय या सरकारी तंत्र द्वारा नहीं किया या देखा जाता है। इन देशों में नागरिकों के सहयोग से एक ऐसा 'सुविचारित एवं सुव्यवस्थित तंत्र' विकसित कर लिया गया है, जिसके चलते प्रत्येक नागरिक अपने स्तर से ही इस बात के लिए निरंतर

सचेष्ट रहता है कि प्रारंभिक स्तर पर ही गंदगी न पैदा होने पाये। इससे कूड़ा उठाने की चुनौती भी कम हो जाती है। क्या इस प्रकार की दूरदर्शिता और अनुशासन भारतीय नागरिक दिखाएंगे?

पंचायतों की भूमिका

स्वच्छता अभियान को सफल बनाने के लिए पंचायतों को ग्रामीण क्षेत्र में और नगरों में नगर पंचायत को प्रभावी रूप से शामिल करना जरूरी है। इस समय देश में लगभग दो लाख 25 हजार ग्राम पंचायतें, लगभग 6000 पंचायत क्षेत्र, 3842 नगरीय स्थानीय निकाय कार्यरत हैं। इसी प्रकार देश में 600 से अधिक जिला पंचायतें कार्यरत हैं। इन पंचायती राज संस्थाओं में लगभग 30 लाख चुने हुए प्रतिनिधि पंच, सरपंच (प्रधान), अध्यक्ष आदि आसीन हैं। इनमें लगभग एक तिहाई अर्थात 10 लाख के करीब महिलाएं हैं, जो विभिन्न वर्गों से हैं और लगभग आठ लाख अनुसूचित जाति व जनजाति वर्गों के प्रतिनिधि हैं। गांवों की हर गली में एक चुना हुआ प्रतिनिधि है। अगर उन सभी को इस मिशन में लगा दिया जाए, तो वे जहां एक ओर स्वयं के महत्व को समझेंगे, वहीं दूसरी ओर गांव भी स्वच्छ होंगे। 73वें संविधान संशोधन के अनुसार पंचायतें अपने स्तर पर आर्थिक विकास एवं सामाजिक न्याय की योजना बनाएंगी और ऐसा करते समय वे संविधान की अनुसूची 11 में दर्ज 29 विषयों का भी संज्ञान लेंगी। इस अनुसूची में 23वें स्थान पर स्वास्थ्य और स्वच्छता, जिसके अंतर्गत अस्पताल, प्राथमिक स्वास्थ्य केंद्र और औषधालय भी हैं, दर्ज हैं।

जब स्वच्छता इतना महत्वपूर्ण विषय है, तो पंचायतों द्वारा इस दिशा में गंभीर कदम उठाने की आवश्यकता सहज ही समझी जा सकती है। उन्हें उचित अधिकार, संसाधन तथा धन उपलब्ध कराया जाना चाहिए, ताकि वे अपने स्तर पर उचित योजना बना सकें, जिसमें स्वच्छता का मुद्दा विशेष रूप से शामिल हो। निश्चय ही भारत में स्वच्छता अभियान में सबसे बड़ी भूमिका पंचायती राज संस्थाओं तथा नगर निकायों व मोहल्ला समितियों की हो सकती है। स्वच्छ भारत के निर्माण में पंचायती राज संस्थाओं और स्थानीय निकायों का कुशलतापूर्वक रचनात्मक प्रयोग किया जाना चाहिए।

एक सर्वे के मुताबिक देश के 40 प्रतिशत जिन घरों में शौचालय हैं भी, वहां भी

उसके बावजूद उनमें से प्रत्येक घर से एक सदस्य नियमित रूप से खुले में शौच के लिए जाता है। घर में शौचालय होने के बावजूद खुले में शौच करने वालों की सोच बदलने के लिए सरकार सघन अभियान चलाएगी। स्वच्छता और शौचालय के उपभोग को लेकर जनजागरण की रूपरेखा तैयार की गई है। इसके तहत गांव-गांव ऐसे कार्यकर्ता नियुक्त किए जाएंगे, जो स्थानीय होने के साथ ही सामाजिक कार्यों में भी रूचि रखते हों। ये 'स्वच्छता दूत' लोगों को साफ-सफाई के तौर-तरीकों से तो वाकिफ कराएंगे ही, उन्हें शौचालय निर्माण के लिए प्रोत्साहित भी करेंगे। इन स्वच्छता दूतों को वेतन की जगह प्रोत्साहन राशि प्रदान की जाएगी।

केंद्र सरकार ने 'स्वच्छ भारत मिशन' के अंतर्गत शौचालय बनने में आने वाली मुश्किलें दूर कर दी हैं। शौचालय बनवाने में मनरेगा से फंडिंग व लाभार्थी से किसी भी प्रकार का अंशदान लेने की बंदिश अब समाप्त कर दी गई है। अब शौचालय 12 हजार रुपये की कुल धनराशि में बनाए जाएंगे। इसकी पूरी लागत केंद्र व राज्य सरकार मिलकर वहन करेंगे। विभिन्न प्रदेशों में 'निर्मल भारत अभियान' के अंतर्गत 10 हजार रुपये में शौचालय बन रहे थे। इसमें केंद्र व राज्य सरकार के अंश के साथ मनरेगा का भी अंशदान होता था। लाभार्थी से भी 900 रुपये लिए जाते थे। मनरेगा में समय से बजट न मिलने के कारण मजदूरी मिलने में हो रहे विलंब के चलते गरीब परिवारों से 900 रुपये लेना भी बहुत मुश्किल हो रहा था।

मंजिल दूर, पर मुश्किल नहीं

भारत सरकार ने 2019 तक देश को संपूर्ण रूप से स्वच्छ बनाने का लक्ष्य निर्धारित किया है। निश्चित रूप से यह एक कठिन लक्ष्य है, किंतु यदि 125 करोड़ भारतीय नागरिक सुनिश्चित कर लें, तो यह लक्ष्य बहुत आसानी से प्राप्त किया जा सकता है। इसके लिए हमें भौतिक संसाधन जुटाने के साथ ही सामाजिक-सांस्कृतिक स्तर पर भी कई तरह के प्रयास करने होंगे। मौजूदा सरकार ने इस लक्ष्य की प्राप्ति के लिए काफी रचनात्मक एवं प्रयोगधर्मी तरीके अपनाए हैं, जैसे-अभियान से जुड़े सभी प्रमुख लोगों तथा ख्याति प्राप्त हस्तियों को नौ प्रभावशाली लोगों की टीम बनाने के लिए प्रेरित करना और इसी प्रकार उनमें से प्रत्येक को आगे नौ लोगों की टीम बनाना। इससे कम समय में ही

काफी बड़ी संख्या में नागरिकों को अखिल भारतीय स्वच्छता अभियान से जोड़ा जा सकेगा।

सरकार के इस अभियान का देश में चहुंओर स्वागत किया जा रहा है और बहुत कम समय में ही यह अभियान बेहद रचनात्मक ढंग से गली-गली, गांव-गांव और हर शहर-महानगर में चर्चा का विषय बन गया है। स्वच्छता के मुद्दे पर चर्चा होना निश्चय ही एक अच्छी बात है, लेकिन मात्र चर्चा से कुछ होने वाला नहीं है। इसके लिए जमीनी स्तर पर प्रत्येक व्यक्ति को श्रमदान करना होगा। इस बात के भी सुझाव आ रहे हैं कि देश में समस्त सरकारी, गैर सरकारी कार्यालयों में अधिकारियों-कर्मचारियों के लिए स्वच्छता को उनके काम का ही एक हिस्सा बना दिया जाना चाहिए। इस संदर्भ में कुछ प्रेरणादायक कदम उठाए जा सकते हैं। यथा-कर्मचारियों-अधिकारियों को प्रोत्साहित करने के लिए उनकी वार्षिक गोपनीय प्रविष्टि (एसीआर) में कार्यालय एवं परिसर की स्वच्छता के लिए अलग से अंक देने का प्रावधान होना चाहिए। इसी प्रकार से जनप्रतिनिधियों एवं सरकारी ठेकों एवं परमिट तथा अन्य योजनाओं से जुड़े व्यक्तियों के लिए भी स्वच्छता को एक अनिवार्य शर्त के रूप में जोड़ा जाना चाहिए।

स्वच्छता से देश को कई लाभ होंगे। जहां इससे एक ओर बहुत बड़ी मात्रा में धन की बचत होगी, जो संक्रामक रोगों एवं अन्य बीमारियों पर नागरिकों को खर्च करनी पड़ रही है, वहीं दूसरी ओर इससे देश की कार्यक्षमता पर भी बेहद सकारात्मक प्रभाव पड़ेगा। गंदगी की वजह से भारत को आर्थिक क्षति भी उठानी पड़ रही है। संपूर्ण विश्व जगत के लिए भारत सदैव से ही एक आकर्षण का केंद्र रहा है। भारत में विश्व के सर्वाधिक ऐतिहासिक, आध्यात्मिक और सांस्कृतिक पर्यटन स्थल हैं, जिन्हें देखने के लिए समूचा विश्व भारत आने के लिए आतुर रहता है। बड़ी संख्या में विदेशी पर्यटक भारत में आना चाहते हैं, लेकिन यहां फैली भारी गंदगी और दुर्व्यवस्था देखकर वे हिम्मत नहीं जुटा पाते हैं और अपनी योजना को टाल देते हैं।

स्वच्छ भारत के निर्माण के लिए भारत के समृद्ध वर्ग को आगे आना चाहिए। देश के समृद्ध वर्ग का यह दायित्व बनता है कि वह बढ़-चढ़कर अपनी जिम्मेदारी समझे और उसे निभाए। भारत का समृद्ध वर्ग और कॉरपोरेट घराने विश्व के सबसे बड़े रईशों में शुमार हैं। यह वर्ग चाहे, तो स्वच्छ भारत के निर्माण में अभूतपूर्व

योगदान दे सकता है। यह सुखद है कि 'स्वच्छ भारत' की कल्पना को मूर्तरूप देने के लिए देश का उद्योग जगत भी एकजुट होकर आगे आया है। उद्योग संगठन 'फिक्की' ने व्यापक स्तर पर सफाई अभियान चलाया है। भारतीय उद्योग परिसंघ (सीआईआई) ने 'मिशन सेनिटेशन ऑफ स्कूल्स' लांच किया है। इस मुहिम के जरिए कंपनियों के साथ मिलकर सरकारी स्कूलों में शौचालयों का निर्माण कराया जाएगा। इसके लिए 'सीआईआई' ने 10 हजार कंपनियों को शौचालयों के निर्माण के लिए एक साथ जोड़ने का लक्ष्य बनाया है। इसी प्रकार 'गेल इंडिया लिमिटेड' द्वारा 'स्वच्छ भारत-स्वच्छ विद्यालय' योजना के अंतर्गत देश भर के स्कूलों में 1021 शौचालय निर्मित करने का लक्ष्य बनाया गया है।

भारत में सफाई और सेनिटेशन राज्य सूची के विषय हैं, इसलिए यह आवश्यक है कि समस्त राज्य सरकारें इस दिशा में गंभीर पहल करें। यह भी आवश्यक है कि इस अभियान को राष्ट्रहित में दलगत राजनीति से ऊपर उठकर शीर्ष प्राथमिकता का लक्ष्य घोषित किया जाए। भारतीय समाज और भारतीय राजनीति एक लंबे समय से जड़ता और राष्ट्रीय समस्याओं के प्रति उदासीनता के भाव से ग्रस्त हैं। अब समय आ गया है कि इस जड़ता को समाप्त किया जाए। इस जड़ता और राष्ट्रीय समस्याओं के प्रति उदासीनता को समाप्त किए बिना एक राष्ट्र के रूप में भारत का पुनर्रुत्थान संभव नहीं हो सकेगा।

❍❍

4. पाखंड मिटाओ, गंदगी हटाओ

युगों से चली आ रही अवैज्ञानिक वर्ण-व्यवस्था और जाति आधारित जटिल सामाजिक संरचना ने हमें स्वच्छता के महत्वपूर्ण मुद्‌दे से पूरी तरह अलग कर दिया है। हम इसके मूल अर्थ और इसकी आवश्यकता को समझ ही नहीं पा रहे हैं और इसीलिए इस दिशा में मनोयोग के साथ अनुशासित होकर कुछ कर भी नहीं पा रहे हैं। यह भी तथ्य है कि यदि इस विषय पर नागरिकों की समझ नहीं बढ़ेगी, तो स्वच्छता अभियान मात्र एक रस्मी, फोटो खिंचाऊ अवसर और कागजी अभियान बनकर रह जाएगा।

वास्तव में अब समय आ गया है कि हम इस बात को जान और मान लें कि समाज के मात्र एक वर्ग विशेष के ऊपर स्वच्छता का दायित्व नहीं डाला जा सकता। यह कहने से भी काम नहीं चलेगा कि एक वर्ग विशेष का कार्य सफाई करना है और शेष समाज का दायित्व साफ दिखना है। यह अमानवीय व्यवस्था और सामंती सोच देश को कहीं का नहीं छोड़ेगी। समाज के एक हिस्से को अमानवीय परिस्थितियों में जीने के लिए विवश कर शेष समाज को साफ-सुथरा किसी भी तरह नहीं बनाया जा सकता।

भारत के संदर्भ में एक जटिल तथ्य यह है कि यहां स्वच्छता का मुद्‌दा छुआ-छूत और जाति तथा वर्ण-व्यवस्था से भी जुड़ा हुआ है। सभी को यह समझना होगा कि सफाई कार्य में लगे वर्ग विशेष के उत्थान के बिना न तो असमानता को दूर किया जा सकता है और न ही स्वच्छ भारत के लक्ष्य को ही प्राप्त किया जा सकता है। इस संदर्भ में अब यह निश्चय कर लिया जाना चाहिए कि संपूर्ण राष्ट्र को स्वच्छ रखने की जिम्मेदारी देश के प्रत्येक व्यक्ति और संपूर्ण समाज की है। इस दायित्व को किसी वर्ग विशेष मात्र पर थोपते हुए शेष वर्गों को इस संवेदनशील उत्तरदायित्व से मुक्त नहीं किया जा सकता।

ऐसा बिल्कुल नहीं चलेगा कि समाज का एक हिस्सा साफ–सफाई करता रहे और शेष समाज 'शेखी बघारता' घूमता रहे, तथा स्वयं के 'पवित्र' होने का ढोंग करे। वास्तव में यह मिथ्याचार है और तत्काल इस प्रकार के दुराचरण को समाज में रोका जाना चाहिए। ऐसा तभी हो पायेगा, जब पूरा समाज एक मन से तथा पूर्ण निष्ठा भाव से देश को संपूर्ण रूप से स्वच्छ करने के लिए इस महत्वाकांक्षी अभियान से रचनात्मक रूप से जुड़ेगा। देश की गलियों, सड़कों और वातावरण की गंदगी के साथ हजारों वर्षों से इस देश के मानस में कहीं गहरी बैठी जाति व्यवस्था की सड़ांध को भी निकाल फेंकना होगा और इससे बेहतर अवसर अब हमें शायद ही फिर कभी प्राप्त हो।

हजारों वर्षों से भारत में साफ–सफाई के कार्य को एक जाति विशेष के लोग पुश्तैनी कार्य के रूप में कर रहे हैं। यह व्यवस्था देश में हजारों वर्षों से चली आ रही है और यही कारण है कि बाकी लोगों ने सार्वजनिक स्थलों, सड़कों, घरों को गंदा करना अपना अधिकार समझ लिया है। इस दिशा में एक नवीन सामाजिक एवं मानसिक क्रांति की आवश्यकता है। वास्तव में निम्न श्रेणी के व्यक्ति वे नहीं है, जो देश में और समाज में सफाई के कार्यों में लगे हैं, वरन वे हैं, जिन्होंने अपने गैरजिम्मेदार रवैये और व्यवहार से इस पूरे देश को कूड़े का ढेर बना डाला है। ऐसे व्यक्तियों का सामाजिक वहिष्कार किया जाना चाहिए और उनकी भर्त्सना होनी चाहिए। सफाई को एक संस्कार के रूप में स्थापित करने के लिए निरंतर ऐसी व्यवस्था की जाए कि सरकारों द्वारा संचालित तमाम कल्याणकारी योजनाओं तथा सब्सिडी का लाभ व्यक्तियों और संस्थाओं को तभी मिलना चाहिए, जब साफ–सफाई के मानकों पर वे अनिवार्य रूप से खरे उतरें।

भारत में जिन लोगों ने अब तक देश को साफ–सुथरा रखने का बोझ अपने कंधों पर लिया है, उन्हें गरिमायुक्त जीवन और यथोचित सम्मान कैसे प्राप्त हो, यह राष्ट्रीय चिंतन का विषय होना ही चाहिए। इस वर्ग और इसके श्रम को सम्मान और गरिमा प्रदान न करना और स्वयं को पवित्र एवं श्रेष्ठ मानना एक 'राष्ट्रीय पाखंड' एवं ढोंग मात्र ही है। महात्मा गांधी का विचार था कि जाति व्यवस्था से लड़े बगैर ही सफाई के कार्य को कलंकमुक्त किया जा सकता है, परंतु भारतीय संदर्भ में यह सोच प्रामाणिक जान नहीं पड़ती है। वास्तव में इस संदर्भ में हमें डा. भीमराव अंबेडकर

के विचारों को आधार बनाना होगा। जाति व्यवस्था पर हमला किए बिना हम एक गरिमापूर्ण समाज और स्वच्छ एवं समृद्ध भारत की कल्पना भी नहीं कर सकते।

यह भी आवश्यक है कि देश में सफाई कर्मचारियों के कामकाज की स्थितियों और कार्य वातावरण पर नये सिरे से ध्यान दिया जाए। मौजूदा समय में देश में सफाई कर्मचारियों को ठेके पर या अस्थाई किस्म की नौकरियों पर रख कर काम चलाया जा रहा है, उन्हें वेतन एवं पारिश्रमिक भी बहुत कम मिलता है। उन्हें रोजगार की सुरक्षा भी प्राप्त नही है। विशेष रूप से सीवरों की सफाई करने वाले लोगों की स्थिति तो अत्यंत दयनीय है। यह बेहद घातक एवं जोखिमपूर्ण वातावरण में काम करने के लिए विवश हैं। इन सफाईकर्मियों के पास आवश्यक उपकरण और तकनीक का भी अभाव होता है। यूरोप और अमेरिका के समृद्ध एवं विकसित राष्ट्रो में सफाईकर्मियों को एक नायक के रूप में देखा जाता है और उनके प्रति समाज में एक विशिष्ट सम्मान का भाव होता है। यही नहीं, इन सफाईकर्मियों को विकसित देशों में भिन्न-भिन्न प्रकार के राष्ट्रीय सम्मानों और पुरस्कारों से भी विभूषित किया जाता है। श्रम और निष्ठा को महत्व देने का ऐसा पवित्र भाव भारतीय समाज अभी तक विकसित नहीं कर सका है।

यह भी देखने में आया है कि सफाई कार्यों से जुड़े पदों पर नियुक्तियां तो सभी वर्गों या समाजों के व्यक्तियों की हो रही हैं, किंतु व्यवहार में आज भी मूल रूप से साफ-सफाई का कार्य एक जाति विशेष के सदस्यों के हवाले ही छोड़ रखा गया है। सफाईकर्मी के पद पर नियुक्त व्यक्ति स्वयं कार्य न करके अपने वेतन का एक छोटा सा हिस्सा इस वर्ग के सदस्यों को देकर इनसे ही कार्य कराता है। मानों, स्वयं सफाई करने से वह छोटा या अपवित्र हो जायेगा। यह स्थिति अत्यंत शर्मनाक, गैरकानूनी एवं असहनीय है। सरकार को इस संदर्भ में ठोस प्रावधान लाते हुए ऐसे समाज एवं राष्ट्र विरोधी व्यक्तियों के खिलाफ कठोर कार्यवाही करनी चाहिए, तभी देश में एक सहज एवं समतामूलक समाज की स्थापना हो सकेगी। ऐतिहासिक एवं पारंपरिक कारणों से चली आ रही जाति व्यवस्था रूपी पाखंड पहले ही इस देश को बहुत अधिक क्षति पहुंचा चुका है। यदि अब भी यह पाखंड जारी रहा, तो भारत एक विकसित राष्ट्र के रूप में कभी भी उभर नहीं सकेगा।

देश को साफ करने के पुनीत कार्य में लगे राष्ट्र भक्तों की उपेक्षा एवं उनकी चिंताजनक स्थिति पूरे देश के लिए राष्ट्रीय शर्म का विषय होना चाहिए।

सरकार को यह भी सुनिश्चित करना चाहिए कि सफाई कर्मचारियों को आवश्यक उपकरण और आधुनिक यंत्र उपलब्ध कराये जाएं। इससे कार्य में तेजी आएगी और बेहतर परिणाम परिलक्षित होंगे। हमें यह भी विचार करना चाहिए कि क्या हमारा 'स्वच्छता अभियान' मैला ढोने सरीखी अपमानजनक प्रथा को सदैव के लिए समाप्त करने का गौरवशाली अवसर बन सकता है?

यह एक सत्य है कि भारत में अभी भी जाति-प्रथा एवं छुआ-छूत की भावना विद्यमान है और यह सर्वत्र कहीं न कहीं दिख ही जाती है। राष्ट्रव्यापी यह 'स्वच्छता अभियान' वास्तव में देश के लिए प्रायश्चित करने का एक आदर्श अवसर हो सकता है। देश को इस अवसर का लाभ उठाना ही चाहिए। ऐसा करके ही देश उस राष्ट्रभक्त वर्ग से क्षमा मांग सकता है, जो हजारों वर्षों से देश को स्वच्छ रखने का दायित्व अकेले अपने माथे और कंधे पर लिए हुए है।

कानून कमजोर, गंदगी सभी ओर

भारत में स्वच्छता नियमों का उल्लंघन करने पर किसी प्रकार के कोई ठोस कानून नहीं है। वैसे भी भारत में ऐतिहासिक रूप से स्वच्छता को लेकर अनुशासन का भाव नहीं रहा है। ऐसे में यह आवश्यक है कि स्वच्छता नियमों को लेकर देश में कठोर कानून बनाए जाएं और सख्ती से इनका क्रियान्वयन सुनिश्चित कराया जाए। विकसित राष्ट्र यदि आज स्वच्छ नजर आते हैं, तो इसके पीछे इन देशों में स्वच्छता नियमों को लेकर स्थपित कठोर नियमों और उसके सख्त क्रियान्वयन का ही महत्वपूर्ण योगदान रहा है। दुर्भाग्यवश भारत में न तो सख्त कानून ही है, न ही उनका उचित क्रियान्वयन ही है और न ही किसी प्रकार का कोई नागरिक अनुशासन ही है।

अभी देश में गंदगी करने पर जो दंड निर्धारित किए गए हैं, वे वास्तव में किसी प्रकार का डर या प्रभाव पैदा नहीं कर पा रहे हैं। देश में मौजूदा समय में सार्वजनिक स्थलों पर गंदगी करने पर 500 रुपये, थूकने पर 250 रुपये, खुले में शौच करने एवं लघुशंका पर 500 रुपये, निषेध क्षेत्रों में जानवरों और पक्षियों को भोजन देने पर 500 रुपये, पालतू जानवरों द्वारा गंदगी करने पर 500 रुपये, गैर कानूनी रूप से कागज एवं कूड़ा जलाने पर 2000 रुपये तथा दुकानदारों और पटरी विक्रेताओं द्वारा कूड़ादान तथा थैले इत्यादि न रखने पर 500 रुपये जुर्माना का प्रावधान है, लेकिन वास्तव में

इसे भी सही ढंग से पूरे देश में कहीं भी लागू नहीं किया जा पा रहा है। इस प्रकार की उदासीनता एवं गैर जिम्मेदार रवैये के रहते 'स्वच्छ भारत' की कल्पना को मूर्तरूप दे पाना किसी भी रूप में संभव नहीं हो पाएगा।

हर भारतीय का सम्मान : शौचालय का निर्माण

'विश्व शौचालय दिवस' पर संयुक्त राष्ट्र ने अपनी रिपोर्ट जारी करते हुए बताया है कि दुनिया में खुले में शौच करने वाले सबसे ज्यादा लोग भारत में हैं। रिपोर्ट के अनुसार देश की कुल जनसंख्या के 47 प्रतिशत यानी लगभग 60 करोड़ लोग खुले में शौच करते हैं। प्रधानमंत्री ने उचित ही स्वच्छ भारत के निर्माण के लिए इसे एक गंभीर चुनौती माना है। यूं तो पूरे देश में खुले में शौच जाने की समस्या विद्यमान है, परंतु उत्तर भारत में विशेष रूप से स्थिति बहुत ज्यादा खराब है। स्वयं प्रधानमंत्री के संसदीय क्षेत्र वाराणसी के आसपास के इलाकों में 30 से 66 प्रतिशत घरों में शौचालय नहीं हैं। इस प्रकार कहा जा सकता है कि अभी तक स्वयं प्रधानमंत्री का संसदीय इलाका भी इस संदर्भ में देश के लिए आदर्श स्थापित नहीं कर सका है। वाराणसी और आसपास की स्थिति देश के अन्य इलाकों की तरह ही बदहाल है। गाजीपुर जिले में करीब 49 प्रतिशत लोगों के पास अपना शौचालय ही नहीं है।

स्कूलों में भी शौचालयों की दशा काफी खराब है। भदोही जिले के 40 प्रतिशत घरों में शौचालय हैं, लेकिन 60 प्रतिशत लोग आज भी शौच के लिए खेतों का रुख करते हैं। मऊ के ग्रामीण इलाकों में 60 प्रतिशत घरों में शौचालय नहीं हैं। हालात सिर्फ घरों तक ही खराब नहीं हैं। यही दशा सरकारी स्कूलों की भी है। या तो अधिकांश स्कूलों में शौचालय हैं ही नहीं, या जिन कुछ विद्यालयों में शौचालय हैं भी, तो प्रायः वे इस लायक ही नहीं हैं कि उनका उपयोग संभव हो सके। इसी प्रकार चंदौली जनपद में गांवों की अपेक्षा शहरी क्षेत्र में स्थिति कहीं ज्यादा खराब है। कहीं दरवाजे टूटे पड़े हैं, तो कहीं गंदगी भरी पड़ी है। मिर्जापुर जनपद में भी 30 प्रतिशत लोग शौचालयों से वंचित हैं। इस जनपद में गांवों में निर्मित शौचालयों में से एक तिहाई इस लायक नहीं हैं कि उनका उपयोग हो सके।

प्रधानमंत्री यद्यपि हर स्कूल में शौचालय के निर्माण का ऐलान कर चुके हैं, लेकिन हालात इतनी जल्दी सुधरने वाले नहीं हैं। जिन स्कूलों में शौचालय अभी

हैं, वहां भी बदहाली के चलते उन्हें इस्तेमाल करना काफी मुश्किल हो रहा है। पंजाब, हरियाणा, हिमाचल प्रदेश जैसे उत्तर भारतीय राज्यों में हालात कहीं अधिक चुनौतीपूर्ण हैं। पंजाब में 1288 सरकारी स्कूल ऐसे हैं, जिनमें शौचालय नहीं हैं। इनमें लड़कियों के 743 स्कूल शामिल हैं। हरियाणा में 20 प्रतिशत बालिका विद्यालयों में शौचालय नहीं हैं। उत्तर प्रदेश में 'निर्मल गांव' का पुरस्कार हासिल करने वाले गाजियाबाद जनपद में 12 हजार घरों के भीतर शौचालय नहीं है, जबकि जिले के 46 स्कूल भी शौचालय से वंचित हैं। हिमाचल प्रदेश में आज भी डेढ़ लाख से ज्यादा परिवार खुले में शौच करने को मजबूर हैं। केंद्र और राज्य सरकार द्वारा चलाई जा रही योजनाएं अब तक इन वंचितों के पास नहीं पहुंच पाई हैं। हिमाचल प्रदेश के 40 प्रतिशत स्कूलों में भी शौचालय नहीं है।

'संयुक्त राष्ट्र' के आंकड़ों के अनुसार वर्तमान में विश्व की लगभग एक अरब जनसंख्या खुले में शौच जाने को विवश है। इसमें अकेले भारत का ही योगदान 59.7 करोड़ है। इसके बाद इंडोनेशिया के 5.4 करोड़, पाकिस्तान के 4.1 करोड़, नेपाल के 1.1 करोड़ तथा चीन के एक करोड़ नागरिक खुले में शौच जाने को विवश हैं। भारत में शौचालय न होने का सबसे अधिक खामियाजा लड़कियों और महिलाओं को भुगतना पड़ रहा हैं। इस समस्या की वजह से जहां एक ओर लड़कियां बीच में ही स्कूल छोड़ रही हैं, वहीं दूसरी ओर महिलाओं के यौन शोषण का खतरा भी लगातार बढ़ता जा रहा है।

भारत में यूनीसेफ भी गंदगी के खतरे से लोगों को जागरूक करने का प्रयास कर रहा है। यदि आंकड़ों पर नजर डालें, तो जनसंख्या के अनुपात के लिहाज से भारत के अलावा विश्व में सबसे कम नागरिकों को शौचालय उपलब्ध करा पाने वाले देश मात्र नाइजीरिया, इथियोपिया और सूडान ही हैं। निश्चय ही भारत का नाम इन देशों के साथ सूची में देखकर कोई भारतवासी गौरवान्वित तो नहीं ही होगा। यह दुर्भाग्य है कि भारत जैसी विशाल एवं आदिकालीन सभ्यता आज विश्व के सबसे दरिद्र देशों के साथ खड़ी दिखाई दे रही है। क्या ऐसे में भी हमारी चेतना का स्तर जागृत नहीं होगा?

बदलो आदतें, बदलेगा देश

सामान्य भारतीय कई किस्म की गंदी आदतों के शिकार हैं। जैसे-घर की

सफाई करने के बाद कूड़े को घर के बाहर खुले में फेंक देना, कूड़े को इस तरह से फेंकना कि वह डस्टबिन या कूड़ेदान या इस हेतु नियत स्थान से बाहर या दूर गिरे, सड़क पर कहीं भी खड़े होकर लघुशंका इत्यादि से निपट लेना, पान या पान मसाला खाकर मौका देखकर कहीं भी थूक देना, विभिन्न प्रकार के आस्था पर्वों के अवसर पर मूर्तियां तथा अन्य पूजन सामग्रियों को भारी मात्रा में नदियों में डालना तथा कहीं भी खांसना या नाक छिड़क देना इत्यादि। इन गंदी आदतों ने देश की बहुत हानि की है। जाने-अनजाने अनेकानेक गंदी आदतों के शिकार बने रहने के कारण भारत में गंदगी को लेकर प्रायः किसी भी प्रकार का कोई बेचैनी का भाव ही पैदा नहीं होता। जब हमें स्वच्छता की आवश्यकता ही महसूस नहीं होगी, तो यह सुनिश्चित है कि स्वच्छता होगी भी नहीं।

स्वच्छता के विषय में भारतीय नागरिकों में एक समझ और दूरदर्शी दृष्टिकोण विकसित किए जाने की आवश्यकता है। यह मानी हुई बात है कि यदि भारतीय नागरिक अपनी आदतों में छोटे-छोटे से बदलाव ले आएं, तो देश में बहुत बड़े-बड़े परिणाम सामने आ सकते हैं। भारत में व्याप्त अधिकांश गंदगी मात्र इसलिए है, क्योंकि देश के अधिसंख्य नागरिक कई प्रकार की गंदी आदतों के शिकार हैं और स्वभाव से ही घोर लापरवाह किस्म के हैं।

भारत विश्व का अकेला ऐसा अनुशासनहीन देश है, जहां के अधिसंख्य नागरिक भयंकर रूप से पान, बीड़ी, तंबाकू, पान मसाला, खैनी, गुटखा, कपूरी तंबाकू, सुर्ती इत्यादि का नियमित सेवन करते हैं। यह घोर आश्चर्य का विषय है कि एक समझदार तार्किक प्राणी होने का दंभ रखने के बावजूद हम अपने मुंह तक को साफ नहीं रख सकते। स्पष्ट है कि जो व्यक्ति अपने शरीर का सबसे महत्वपूर्ण अंग यानी अपना मुंह तक साफ नहीं रख सकता, वह किस प्रकार अपने घर, परिवार, समाज और देश को साफ रखने में योगदान दे सकता है? एक मनुष्य के रूप में इससे अधिक अनुशासनहीन और गैर जिम्मेदाराना आचरण संभवतः और कोई नहीं हो सकता।

यह आवश्यक है कि राष्ट्रीय स्तर पर एक व्यापक जनजागरण अभियान चलाकर नागरिकों को स्वच्छता के तौर-तरीकों के विषय में भली-भांति अवगत कराया जाए। भारतीय नागरिकों को आज छोटी-छोटी बातें सिखाए जाने की आवश्यकता है। वास्तव में स्वच्छता के संस्कार और अच्छी आदतों का निर्माण

बचपन में ही घरों और स्कूलों में किया जाना चाहिए, लेकिन दुर्भाग्यवश ऐसा नहीं किया जा सका है, इसलिए इसको नए सिरे से पुनः ठीक ढंग से करने की आवश्यकता है। यह आवश्यक है कि भारत के प्रत्येक नागरिक को स्वच्छता के प्रति अपने दायित्व बोध से अवगत कराया जाए। उसे इस प्रकार से प्रेरित किया जाए कि उसमें स्वच्छता को लेकर अतिरिक्त जागरूकता, सतर्कता, दिलचस्पी तथा कुछ विशेष करने का भाव पैदा हो सके।

भारत के प्रत्येक नागरिक को यह बताया ही जाना चाहिए कि ट्रेन या बस में सफर करने के दौरान मूंगफली और फलों के छिलके, चिप्स-कुरकुरे के रैपर, खाने के खाली पैकेट आदि सीट के नीचे फेंकने की बजाय उसे किसी कागज में रखकर, बाद में डस्टबिन मिलने पर फेंकना चाहिए। इससे यात्रा के दौरान किसी को भी परेशानी नहीं होगी। ट्रेन या बस की खिड़की से भी फलों के छिलके या खाने का मलबा भी बाहर फेंकने की बजाय उसे कागज में लपेटकर रखना चाहिए और बाद में उचित स्थान पर ही फेंकना चाहिए। ट्रेन और बस में दूसरों को भी गंदगी फैलाने से रोकना चाहिए और उन्हें इसके फायदे बताने चाहिए। सफर के दौरान आप कुछ खाकर उसका मलबा फर्श पर फेंक देते हैं और सभी यात्री ऐसा ही करते हैं, तो इससे कुछ ही देर में चारों ओर गंदगी ही गंदगी दिखने लगती है। यह आते-जाते सबके पैरों में तो लगती ही है, यह देखने में भी खराब लगता है। केले या किसी और फल का छिलका खिड़की के बाहर फेंकने से कोई वाहन चालक उसकी चपेट में आकर दुर्घटना का शिकार हो सकता है।

भारत में सार्वजनिक स्थल भयंकर रूप से गंदगी का शिकार हैं। किसी भी जगह, किसी भी कोने में चले जाइए, आपको बेहद गंदे सार्वजनिक स्थल सर्वत्र दिख जाएंगे। बस अड्डे, रेलवे स्टेशन, बाजार, पार्क जैसे सार्वजनिक स्थान हम सबकी सुविधा के लिए बने हैं, लेकिन प्रायः हम स्वयं इन्हें गंदा करते रहते हैं और गंदगी का सामना होने पर दूसरों को भला-बुरा कहने लगते हैं। भारतीय नागरिक अत्यधिक सामाजिक और उत्सवप्रेमी होते हैं। हम विवाह इत्यादि आयोजनों में मौज-मस्ती तो करते हैं, लेकिन गंदगी फैलाने में भी पीछे नहीं रहते। हम इस आदत को सुधार लें, तो न सिर्फ पैसे की बचत होगी, बल्कि आयोजन स्थल भी साफ-सुथरा रहेगा।

विवाह आदि आयोजनों में हम पानी, अलग-अलग पेय पदार्थ, खाद्य पदार्थ

का सेवन करने के बाद बोतल, उसके ढक्कन, प्लेट्स आदि डस्टबिन में डालें, तो आयोजन स्थल की स्वच्छता समारोह खत्म होने के बाद भी बरकरार रह सकती है। जूठी प्लेट्स, जूठे कप आदि को डस्टबिन में फेंकने से रोग फैलाने वाले मक्खी–मच्छर आदि पर रोक लग सकती है। भारत में विवाह आदि आयोजनों में व्यर्थ की भीड़, तड़क–भड़क और बहुत अधिक भोजन की बर्बादी होती है। अपनी भूख के हिसाब से भोजन लेने पर न सिर्फ इसकी बर्बादी पर रोक लगेगी, बल्कि जूठन के ढेर पर मंडराते पशु और पक्षियों से भी मुक्ति मिलेगी। पानी या दूसरी तरह के पेय पदार्थ, खाद्य पदार्थ का सेवन करने के बाद बोतल, उसके ढक्कन,प्लेट्स आदि को इधर–उधर फेंकने से आयोजन स्थल गंदा दिखता है।

प्रत्येक भारतीय को अपने हाथों को नियमित रूप से अच्छी तरह साबुन से और पर्याप्त पानी से धोना चाहिए। इसी प्रकार खाना बनाने से पूर्व, भोजन करने से पूर्व एवं किसी भी रूप में भोजन को छूने से पूर्व हाथ अवश्य धो लेने चाहिए। अपनी रसोई को चूहों, कॉक्रोचों और मक्खियों से मुक्त रखना चाहिए। खाना बनाने की तैयारी करते समय एवं उससे पूर्व किचन के फर्श एवं पटल को अच्छी तरह साफ पानी से धोना चाहिए। भोजन बनाने एवं खाने से पूर्व बर्तनों को भी बहुत अच्छी तरह से साफ कर लेने चाहिए। नाखून रोगों के संक्रमण का सीधा माध्यम बनते हैं, इसलिए नाखून छोटे और साफ रखने चाहिए। नाखूनों से पैथाजनिक बैक्टीरिया शरीर में प्रवेश कर जाते हैं।

भोजन सामग्री तैयार करने वाले और इस व्यवसाय एवं रसोई के काम में जुड़े व्यक्तियों को सदैव नाखून छोटे रखने चाहिए। यदि साबुन उपलब्ध नहीं है, तो विकल्प के रूप में राख का उपयोग किया जा सकता है। बर्तनों की सफाई के लिए बहुत से लोग साबुन, डिटरजेंट, वॉशिंग पाउडर और लिक्विड का खर्चा वहन नहीं कर सकते। ऐसी स्थिति में कोयले की राख एक सस्ता एवं बेहतर विकल्प है, जिससे बर्तनों को साफ किया जा सकता है। यह भी ध्यान देना होगा कि धुलाई के लिए प्रयुक्त पानी साफ होना चाहिए। प्रायः यह देखने में आया है कि स्वच्छ एवं ताजे पानी के स्थान पर खाद्य विक्रेता बाल्टी में रखे पानी या टब में प्लेट धोते रहते हैं और उसी में बार–बार बर्तन डुबोते रहते हैं, जो बहुत ही गलत तरीका है, जिससे भोजन प्रदूषित होता है।

भारत में निश्चित रूप से खेल संस्कृति का विकास होना ही चाहिए। खेलों

के माध्यम से बच्चे अनुशासन और दायित्व बोध से परिपूर्ण किए जा सकते हैं। इनसे उनमें नेतृत्व क्षमता का विकास होता है और सफाई, स्वास्थ्य तथा फिटनेस के मानकों के प्रति वे पहले से कहीं अधिक जागरूक और सतर्क हो जाते हैं। क्रिकेट, वॉलीबॉल, फुटबॉल, बेडमिंटन, कबड्डी आदि खेलने के दौरान हम धूल-मिट्टी के संपर्क में आते हैं, इसलिए खेलकर आने के बाद हाथ-पैरों को साबुन या लिक्विड हैंडवॉश से अच्छी तरह धो लेना चाहिए। इससे बैक्टीरिया मर जाते हैं, जिससे किसी तरह की बीमारी की चपेट में आने की आशंका नहीं होती। सप्ताह में एक बार अपने खेल संबंधी सामान की अच्छी तरह से सफाई जरूर करनी चाहिए। जमी हुई मैल साफ होने से न सिर्फ सामान चमकदार हो जाते हैं, बल्कि बैक्टीरिया भी नष्ट हो जाते हैं। खेल के मैदान में किसी भी कोने में गंदगी न फैलाने, थूकने से परहेज करने और जरूरत पड़ने पर खुद उसकी साफ-सफाई की पहल करने से आपकी छवि सफाई पसंद इंसान की बनती है। धूल-मिट्टी वाले मैदान में बैक्टीरिया के संपर्क में आने पर पेट और त्वचा संबंधी बीमारियां हो सकती हैं। खेल के मैदान में गंदगी फैलाने से आपकी छवि गंदगी पसंद इंसान की बन सकती है।

दिनभर हमारे हाथ और पैर कीटाणुओं के संपर्क में आते हैं, इसलिए हाथ-पैरों की अंगुलियों के नाखूनों की नियमित सफाई बेहद जरूरी है। इससे कई तरह की बीमारियों से हम बच जाते हैं। नियमित रूप से नाखूनों को काटते रहना चाहिए, ताकि वे बढ़ें ही नहीं। नाखूनों को दांतों से चबाकर नहीं काटना चाहिए। खूबसूरत नाखून स्वच्छता और सफाई के प्रतीक होते हैं। इससे आत्मविश्वास बढ़ता है। नवजात शिशुओं के नाखून भी नियमित रूप से बच्चों के नेलकटर से काटते रहना चाहिए, इससे वे कई तरह के संक्रमण से बच सकते हैं। गंदे नाखूनों से नुकसान हाथ व पैरों के नाखूनों का नियमित रूप से न काटने से फंगल इन्फेक्शन होने का डर रहता है। नाखूनों में संक्रमण से एथलीट फुट होने की आशंका होती है। अगर आपके नाखून लंबे हैं और आप अपने किचन में आटा गूंथने का काम करते हैं, तो इससे पूरे परिवार का स्वास्थ्य खतरे में पड़ सकता है। नाखून विशेषकर पैरों के न काटने से यह त्वचा के अंदर घुस सकता है, जो काफी दर्दनाक भी हो सकता है।

सब्जियों के छिलके, जूठन आदि इधर-उधर फेंकने की बजाए डस्टबिन में

डालें, तो मक्खियों और दूसरे कीड़ों से होने वाले रोगों से बचा जा सकता है। गैस के चूल्हे, भोजन रखे जाने वाले रैक, डाइनिंग टेबल, जूठे बर्तन, सिंक, किचन के डस्टबिन की प्रतिदिन सफाई करनी चाहिए। इससे कॉकरोच आदि कीड़े पनपने की समस्या से बचा जा सकता है। सप्ताह में एक दिन किचन, उसके कोनों, बर्तनों के रैक, फ्रिज, डाइनिंग टेबल के आसपास के जाले को जरूर साफ करना चाहिए। किचन में या डाइनिंग टेबल पर भोजन को हमेशा ढक कर ही रखना चाहिए। सफाई के अभाव में गैस के चूल्हे, रैक, कोनों, डाइनिंग टेबल के आसपास जाले होने से आप बीमारियों की चपेट में आ सकते हैं।

यह भी आवश्यक है कि नागरिकों को अपने घर की गंदगी दूसरों के घर के सामने या किसी और अन्य फ्लैट या इमारत के आगे, गैलरी, सड़क आदि के सामने नहीं फेंकनी चाहिए। ऐसा अनुशासित आचरण करने के लिए अन्य नागरिकों को भी प्रेरित एवं प्रोत्साहित किया जाना चाहिए। इससे सोसायटी, मोहल्ले तथा अन्य सार्वजनिक स्थलों को निरंतर एवं नियमित रूप से साफ-सुधरा रखने में मदद मिलेगी। इससे संक्रामक रोग पैदा करने वाले मच्छर, मक्खियां और कीड़े-मकोड़े भी पैदा नहीं होंगे। मोहल्ले या सोसायटी के लॉन, कम्युनिटी एरिया आदि को साफ रखना स्वयं के साथ-साथ दूसरों के लिए भी सुविधाजनक होता है। सफाई का काम दूसरों के भरोसे छोड़ने की बजाय स्वयं करने से न सिर्फ फ्लैट और सोसायटी स्वच्छ दिखती है, बल्कि अन्य नागरिकों और बच्चों में भी साफ-सफाई के संस्कार विकसित होते हैं। मोहल्ले, सोसायटी के लॉन, कम्युनिटी एरिया आदि में फैली गंदगी की बदबू से स्वयं के साथ-साथ दूसरों को भी असुविधा होती है। यदि वातावरण गंदा होगा, तो इससे स्वाभाविक रूप से बच्चों में भी आसपास गंदगी बिखेरने के कुसंस्कार विकसित होते हैं।

स्वच्छ भारत : स्वस्थ भारत

भारतीयों में साफ-सफाई के प्रचलित तौर-तरीके आमतौर पर वैज्ञानिक न होकर परंपरागत होते हैं। यही वजह है कि बड़ी संख्या में भारतीय परिवार यद्यपि यह मानते और दावा करते हैं कि उनका घर साफ है, परंतु तथ्यात्मक रूप से ऐसा होता नहीं है। कुछ समय पहले आई 'ग्लोबल हाईजीन होम ट्रुथ्स स्टडी' के अनुसार भारत में लगभग 51 प्रतिशत घरों की सतह बैक्टीरिया और लगभग 85

प्रतिशत घरों की सतह फफूंदी या फंगस से संक्रमित पाई गई। देश के 10 प्रतिशत रेफ्रिजरेटर और 40 प्रतिशत किचन के तौलिये तथा बड़ी संख्या में केतली या पैन हैंडिल में 'ई-कोली' बैक्टीरिया पाये गये, जिनसे गैस्ट्रोइनटेस्टाइनल बीमारियां फैलती हैं। इन तथ्यों को भारत में इस बात से जोड़कर देखा जाना चाहिए कि भारत में 48 प्रतिशत बच्चे किसी न किसी रूप में कुपोषण के शिकार हैं।

'यूनीसेफ' के अनुसार, डायरिया जैसी पानी से पैदा होने वाली बीमारियां भारत में बच्चों की मृत्यु का सबसे बड़ा कारण हैं। यह भी एक तथ्य है कि अस्वच्छता के मामले में आर्थिक वर्गभेद कोई मायने नहीं रखता। उदाहरणार्थ महानगरों में समृद्ध वर्ग द्वारा निरंतर एयर कंडीशनर का प्रयोग किया जाता है। प्रायः एयर कंडीशनर से बाहर निकलने वाली गर्म हवा के निकास का उचित स्थान अनेक इमारतों में नहीं होता है। प्रायः सोसायटी तथा अन्य रिहायशी इलाकों में मकान बहुत अधिक सटे होते हैं, इससे एयर कंडीशनर से निकलने वाली गर्म हवा का उचित निकास नहीं हो पाता है। इसी प्रकार सार्वजनिक स्थानों, कॉमर्शियल कांप्लैक्स तथा बाजारों में परस्पर सटी हुई छोटी-छोटी दुकानों में एयर कंडीशनर का प्रयोग होता रहता है और वही गर्म हवा चारो तरफ बारम्बार घूमती रहती है। इस गर्म हवा से वातावरण दूषित होता है। इसके अलावा गुणवत्ता की कमी तथा घटिया निर्माण कार्यों की वजह से देश की लगभग हर इमारत में नमी या सीलन बनी रहती है। ये परिस्थितियां कालांतर में संक्रामक बीमारियों को जन्म देती हैं।

यह एक तथ्य है कि वातावरण के स्वच्छ न रहने की वजह से देश पर हर मौसम में होने वाली संक्रामक बीमारियों का बोझ बढ़ता ही रहता है, जिससे औसत भारतीय की कार्यक्षमता एवं स्वास्थ्य गंभीर रूप से प्रभावित होता है और साथ ही साथ देश की प्रगति भी इससे सीधे तौर पर प्रभावित होती है। 'विश्व बैंक' के एक अनुमान के अनुसार, स्वच्छता के गंभीर संकट और बीमारियों के बेतहाशा बढ़ते बोझ तथा घटती कार्यक्षमता के कारण देश के 'जीडीपी' को छह प्रतिशत तक का नुकसान पहुंचता है। 'पब्लिक हेल्थ एसोसिएशन' के अनुसार, देश की मात्र 53 प्रतिशत जनसंख्या शौच के बाद तथा 38 प्रतिशत जनसंख्या खाने से पहले और मात्र 30 प्रतिशत व्यक्ति खाना बनाने से पूर्व साबुन से हाथ धोते हैं।

एक अन्य आंकलन के अनुसार, विश्व में करीब 90 प्रतिशत गंदी बस्तियां केवल विकासशील देशों में है, जिनमें से 37 प्रतिशत बस्तियां केवल भारत और

चीन में ही हैं। यहां की लगभग 56 प्रतिशत शहरी जनसंख्या झुग्गी बस्तियों में रहती है और इन जगहों पर साफ-सफाई का कोई नाम-ओ-निशान तक नहीं होता। यहां यह भी जानना आवश्यक होगा कि भारत में शहरीकरण विश्व में सर्वाधिक तीव्र गति से हो रहा है। संयुक्त राष्ट्र की रिपोर्ट के अनुसार, वर्ष 2030 तक भारत में 40.76 प्रतिशत जनसंख्या शहरों में रहने लगेगी। शहरी क्षेत्रों में जनसंख्या का बोझ बढ़ने के साथ ही गंदगी का दायरा भी बढ़ता जा रहा है। देश में हुए एक सर्वे के अनुसार 32 प्रतिशत ग्रामीण घरों और लगभग 50 प्रतिशत शहरी घरों में ही शौचालय की व्यवस्था है।

प्रधानमंत्री का यह कहना उचित है कि जब भारत सीमित संसाधनों से मंगल फतह कर सकता है, तो यह अपनी गलियों और वातावरण को क्यों साफ नहीं कर सकता है? महात्मा गांधी ने 1925 में जब यह कहा था कि देश की स्वतंत्रता से कहीं अधिक जरूरी स्वच्छता है, तो उस समय के वातावरण को देखते हुए यह आह्वान अति महत्व का था, क्योंकि उस समय देश में आयु प्रत्याशा मात्र 35 वर्ष थी और संक्रामक बीमारियां जैसे हैजा, मलेरिया, टायफायड और अतिसार आदि से बड़ी संख्या में बच्चों की मृत्यु हो जाती थी। गांधी जी ने 90 वर्ष पूर्व जिस महत्वपूर्ण विषय की ओर ध्यान आकृष्ट किया था, उसकी ओर संयुक्त राष्ट्र का ध्यान 1990 के दशक में गया, जब उसने 'स्वच्छता अभियान' को एक 'वैश्विक अभियान' घोषित किया। वास्तव में संपूर्ण विश्व में और विशेषतः भारतीय परिस्थितियों में अधिकांश बीमारियों का संबंध प्रदूषित पानी और गंदगी से ही होता है।

5. भारत में स्वच्छता कार्यक्रम

भारत में केंद्र और राज्य सरकारों द्वारा स्वच्छ भारत के निर्माण के लिए पहले भी कई प्रकार के कार्यक्रम बनाए जाते रहे हैं। इसी दिशा में आगे बढ़ते हुए स्वच्छता के 'मिलेनियम विकास लक्ष्य' (एमडीजी) को पूरा करने के लिए बजट कई गुना किया गया है। पानी की आपूर्ति और स्वच्छता भारत के संविधान के तहत और 73वें और 74वें संवैधानिक संशोधनों के तहत राज्य का दायित्व है। राज्यों द्वारा यह दायित्व और अधिकार पंचायती राज संस्थानों और शहरी स्थानीय निकायों को दिया गया है। भारत सरकार का केंद्रीय ग्रामीण स्वच्छता कार्यक्रम 1986 में आरंभ हुआ था और अब इसे ही संपूर्ण स्वच्छता अभियान में रूपांतरित किया जा रहा है, जो राज्यों और संघ राज्य क्षेत्रों के विभिन्न जिलों में प्रचलित है।

संपूर्ण स्वच्छता का लक्ष्य प्राप्त करने के लिए शौचालय के निर्माण हेतु वंचित समूहों को वित्तीय प्रोत्साहन भी दिए गए हैं। सरकारी निधि के साथ ग्रामीण सेनेटरी मार्ट और उत्पादन केंद्रों का एक राष्ट्रव्यापी नेटवर्क ग्रामीण स्तर पर बनाया गया है, जबकि इन्हें प्राथमिक रूप से स्थानीय शासन, गैर सरकारी संगठनों और समुदाय आधारित संगठनों द्वारा चलाया जाता है। ये मार्ट और उत्पादन केंद्र स्वच्छ शौचालयों और अन्य सुविधाओं के निर्माण के लिए आवश्यक सामग्री देते हैं। ये आउटलेट, उन लोगों के लिए परामर्श केंद्र के रूप में भी कार्य करते हैं, जो अपने घरों में शौचालय का निर्माण कराने में दिलचस्पी रखते हैं। इससे आपूर्ति श्रृंखला को बढ़ावा मिला है तथा देश में 13.8 करोड़ ग्रामीण घरों की जरूरतें पूरी करते हुए स्वच्छता और सफाई को प्रोत्साहन दिया गया है।

वर्तमान में शौचालय रहित अधिक से अधिक घरों को जागरुक करने की आवश्यकता है। इसके लिए उन्हें सहायता देने हेतु एक समग्र दूरदर्शी नीति और एक सशक्त संस्थागत व्यवस्था होनी चाहिए। पश्चिम बंगाल और महाराष्ट्र

जैसे राज्यों में ठोस कार्यनीतियों, सशक्त जनभागीदारी और कठोर निगरानी के परिणामस्वरूप अच्छे नतीजे मिले हैं। इस प्रकार सरकार ने विभिन्न स्कूलों, आंगनबाड़ी केंद्रों और समुदायों में स्वच्छता सुविधाओं के सुधार पर ध्यान केंद्रित किया है। 'संपूर्ण स्वच्छता अभियान' (टीएससी) एक सफल कार्यक्रम सिद्ध हुआ है और इससे पिछले कुछ वर्षों में हजारों गांवों में खुले स्थानों पर मल त्याग की प्रथा को समाप्त किया गया है। शहरी क्षेत्रों के लिए वर्ष 2008 में शहरों में स्वच्छता प्रावधानों में तेजी लाने के लिए 'राष्ट्रीय स्वच्छता नीति' आरंभ की गई थी।

'सूचना, शिक्षा और संचार' (आईईसी) का उपयोग स्वच्छता के विषय में जागरुकता लाने और व्यवहार में परिवर्तन को प्रभावी बनाने में किया जाता है। इस कार्यक्रम के अंतर्गत विशिष्ट प्रकार की क्षेत्रीय गतिविधियों को सम्मिलित किया जाता है। इसमें ग्रामीण जनसंख्या के सभी वर्ग शामिल हैं। ये इस प्रकार डिजाइन की गई हैं कि इनसे लोगों को शौचालयों के निर्माण के लिए प्रोत्साहन मिलता है। 'आईईसी' के तहत एक समुदाय भवन की दीवार पर तस्वीर या होर्डिंग में उस पंचायत के तहत की जाने वाली गतिविधियों का विवरण प्रदर्शित किया जा सकता है। पुनः ऑल इंडिया रेडियो, दूरदर्शन और केबल टीवी पर ऑडियो तथा वीडियो क्लिपिंग दिखाकर मांग बढ़ाई जा सकती है। इसमें समाचार पत्रों और टेलीविजन में विज्ञापनों के जरिए लोगों को शिक्षित करना शामिल है।

'आईईसी' के तहत उपलब्ध निधि का उपयोग लोगों और स्कूली बच्चों को स्वच्छता शिक्षा प्रदान करने में किया गया था। स्वच्छ, सुंदर तथा साधन संपन्न स्कूल ही देश की तस्वीर बदल सकते हैं। औद्योगिक निवेश आवश्यक है, परंतु सबको समानता के अवसर तथा विकास के लाभ तो शैक्षिक निवेश ही दे पाएगा। एक रिपोर्ट के अनुसार, भारत की आधी जनसंख्या अर्थात करीब 62 करोड़ से अधिक लोग खुले में शौच करते हैं। देश में हाल ही में किया गया एक शोध यह बताता है कि बच्चों की करीब आधी जनसंख्या के शारीरिक विकास के अवरुद्ध होने का यह बड़ा कारण हो सकता है। हालांकि कई शोधकर्ता इससे सहमत हैं कि असंतुलित आहार और खानपान की आदतें भी भारत में कुपोषण के लिए जिम्मेदार हैं, पर कई लोगों का यह मानना है कि गंदगी कुपोषण के महत्वपूर्ण कारकों में एक हो सकती है। इसकी वजह यह है कि मानव और पशुओं के मल से जीवाणु संबंधी ऐसा संक्रमण फैलता है, जो बच्चों में पोषक तत्व अवशोधित करने की क्षमता को कमजोर कर देता है।

यह समस्या गरीब घरों में ही नहीं, वरन संपन्न तबकों के बच्चों में भी है। इसकी वजह यह है कि बेशक संपन्न घरों में शौचालय की सुविधा होती है, पर उनके आसपास के विपन्न घरों में ऐसा नहीं होता। नतीजा, मक्खियों और पानी के माध्यम से वह भी इस बैक्टीरिया से संक्रमित होते हैं, इसलिए आपके घर में शौचालय का होना भी आपकी सुरक्षा की गारंटी नहीं है। विभिन्न प्रकार के वैक्टिरियाजनित रोगों की वजह से बच्चों का पूर्ण शारीरिक विकास नहीं हो पा रहा है। उल्लेखनीय है कि भारत में विश्व के सर्वाधिक अल्पविकसित और कुपोषित बच्चे पाए जाते हैं। ऐसे बच्चे शारीरिक और मानसिक रूप से कमजोर होते हैं। दुनिया भर में शारीरिक रूप से अपूर्ण बच्चों में से 40 प्रतिशत बच्चे दक्षिण एशिया में हैं। दक्षिण एशिया में अपेक्षाकृत कम शौचालय और दुनिया के अन्य भागों की तुलना में यहां जनसंख्या का घनत्व काफी ज्यादा होना, इसके कारण हो सकते हैं। अगर हमने खुले में शौच करना बंद नहीं किया, तो इसका कोई मतलब नहीं रह जाएगा कि बच्चों को कितना भोजन दिया जाए, क्योंकि उनका विकास अवरुद्ध ही रहेगा।

स्वच्छता एक ऐसा लक्ष्य है, जिसे प्राप्त करना भारत के लिए बेहद आवश्यक है। स्वच्छता का विषय यद्यपि छोटा और सरल सा नजर आता है, परंतु यह बहुत महत्वपूर्ण विषय है और इसका प्रभाव किसी भी राष्ट्र पर बहुत दीर्घकालिक और गहरा होता है। इसका महत्व इतना है कि यह विषय अकेले ही भारत के एक विकसित राष्ट्र के रूप में स्थापित होने की संभावनाओं का निर्धारण कर सकता है। आधुनिक तकनीक और वैज्ञानिक अनुसंधानों के बढ़ते प्रभाव के कारण समय तेजी से परिवर्तित हो रहा है। वास्तव में पांच वर्ष पहले कुपोषण पर होने वाली बहसों में गंदगी की समस्या बमुश्किल ही शामिल होती थी, परंतु अब देश में हम इसके बारे में विचार-विमर्श करने लगे हैं। यह निश्चिय ही भविष्य के लिए सुखद संकेत है। साफ-सफाई में लापरवाही भी बच्चों में कुपोषण को बढ़ाती है। इस संदर्भ में वैश्विक स्तर पर 'यूनिसेफ' द्वारा लोगों में स्वच्छता के प्रति जागरूकता फैलाने के उद्देश्य से विभिन्न कार्यक्रम आयोजित किये जाते रहे हैं।

वर्ष 2001 में 'डब्ल्यूएचओ' द्वारा 19 नवंबर को 'विश्व शौचालय दिवस' (डब्ल्यूटीडी) घोषित किया गया। प्रधानमंत्री नरेंद्र मोदी के 'स्वच्छ भारत मिशन' की तर्ज पर खुले में शौच की समस्या से निजात पाने और साफ-सफाई के प्रति लोगों को अधिक जागरूक करने के लिए संयुक्त राष्ट्र ने 19 नवम्बर को 'विश्व

टॉयलेट दिवस' की थीम 'समानता के साथ सम्मान' घोषित की है। 'संयुक्त राष्ट्र' के अनुसार खुले में शौच से विशेष रूप से महिलाओं की निजता, सुरक्षा और सम्मान पर विपरीत प्रभाव पड़ता है। इससे बलात्कार और महिलाओं के खिलाफ हिंसा की घटनाएं बढ़ती हैं, इसलिए उनके सम्मान की सुरक्षा के लिए यह थीम निर्धारित की गई है। उल्लेखनीय है कि 19 नवम्बर, 2001 को अंतर्राष्ट्रीय सिविल सोसायटी संस्थाओं ने 'विश्व टॉयलेट संगठन' की स्थापना के साथ पहली बैठक सिंगापुर में आयोजित की थी। उस साल यह तय किया गया था कि साफ-सफाई के संकट के प्रति लोगों को जागरूक करने के लिए हर साल इस दिवस का आयोजन किया जाए। उसी पृष्ठभूमि में वर्ष 2013 में संयुक्त राष्ट्र महासभा ने 19 नवम्बर को हर साल 'विश्व टॉयलेट दिवस' मनाने की घोषणा की। पानी और साफ-सफाई के मानव अधिकारों के बावजूद खुले में शौच जाने वाले लोगों को टॉयलेट की सुविधा के प्रति जागरूक करना इस दिवस का मकसद है। सात अरब वैश्विक जनसंख्या में 2.5 अरब लोग साफ-सफाई के संकट से जूझ रहे हैं। एक अरब लोग खुले में शौच के लिए जाते हैं।

भारत की वर्ष 2011 की जनगणना के अनुसार गांवों में 67 प्रतिशत और शहरों में 13 प्रतिशत परिवार खुले में शौच जाते हैं। खुले में शौच जाने वाली कुल वैश्विक जनसंख्या में आधे से अधिक लोग भारत में रहते हैं।

बिन पानी सब सून

स्वच्छता के संदर्भ में यह कहा जाता रहा है कि स्वच्छता का बिंदु अनिवार्य रूप से जल संसाधनों की उपलब्धता से सीधा-सीधा जुड़ा हुआ है। किसी भी देश में व्यक्तिगत जीवन से लेकर दीर्घकालिक राष्ट्रीय नियोजन तक सभी कुछ मुख्यतः जल संसाधनों की उपलब्धता पर ही निर्भर रहता है। जिन देशों में उनकी जनसंख्या की तुलना में जल संसाधन प्रचुर या यथोचित मात्रा में उपलब्ध हैं, वे देश स्वाभाविक रूप से स्वच्छता के मानकों पर तुलनात्मक रूप से कहीं अधिक बेहतर स्थिति में होते हैं। विश्व के समस्त विकसित देश, गरीब एवं अल्पविकसित देशों की तुलना में इसी वजह से कहीं अधिक स्वच्छ एवं सुव्यवस्थित हैं।

'खाद्य एवं कृषि संगठन' के आंकड़े बताते हैं कि विश्व में जो देश भौगोलिक रूप से बड़े एवं विशाल हैं तथा उच्च अक्षांशों में स्थित हैं, वहां जल के स्रोत तुलनात्मक रूप से कहीं अधिक मात्रा में पाए गए हैं। आंकड़ों के अनुसार, विश्व

में ब्राजील में सर्वाधिक जल स्रोतों की उपलब्धता (8647 बिलियन क्यूबिक मीटर प्रतिवर्ष) है। दूसरे स्थान पर रूस (4508) इसके बाद क्रमशः अमेरिका (3069), कनाडा (2902),चीन (2840), कोलंबिया (2360), इंडशेनेशिया (2019), भारत (1911), पेरू (1894) और वेनेजुएला (1325) आते हैं। यदि हम प्रति व्यक्ति उपलब्ध पानी की मात्रा को आधार मानें, तो समान भौगोलिक दशाओं में स्थित छोटे देशों की स्थिति अधिक सुदृढ़ दिखती है। इस मायने में केवल कनाडा ही दोनों सूचियों में टॉप 10 में स्थान बनाता है। प्रति व्यक्ति उपलब्धता के आधार पर आइसलैंड (515152 क्यूविक मीटर प्रतिवर्ष) प्रथम स्थान पर है। इसके बाद क्रमशः गुयाना (338750), कांगो (187050), सूरीनाम (183673), पापुआ न्यू गिनी (109411), भूटान (103448), कनाडा (82485), सोलोमन आईलैंड (79679), नार्वे (77930), भारत (1526) आते हैं। भारत में यद्यपि जल संसाधनों की कोई कमी नहीं है, परंतु जनसंख्या आधिक्य के कारण जल संसाधनों की कमी का संकट उत्पन्न होता जा रहा है। जल संसाधनों की कमी का यह संकट 'स्वच्छ भारत'के निर्माण के लिए भी एक चुनौती साबित हो रहा है।

सबसे बड़ा धन : स्वच्छता और अनुशासन

देश के अधिकांश प्राथमिक विद्यालयों में शौचालय न होने की वजह से बहुत बड़ी संख्या में बालिकाएं अपनी शिक्षा को बीच में ही छोड़ देती हैं। केवल 22 प्रतिशत बालिकाएं ही कक्षा 10 तक की पढ़ाई पूरी कर पाती हैं। अधिकांश भारतीय घरों में शौचालय न होने की वजह से भारत में प्रतिवर्ष डायरिया से संबंधित 30 करोड़ मामले सामने आते हैं। यह सभी मामले पांच वर्ष से कम आयु के बच्चों के होते हैं। इसी प्रकार देश में प्रतिवर्ष 92 लाख टीबी के मरीज सामने आते हैं। इनमें से 19 लाख अकेले भारत में ही हैं। इसी प्रकार प्रतिवर्ष देश में 15 लाख लोग मलेरिया का शिकार होते हैं। डेंगू और चिकनगुनिया रोग देश के अधिकांश भागों में फैलते जा रहे हैं और लगभग 30 करोड़ नागरिक प्रतिवर्ष इंसेफलाइटिस व जापानी इंसेफलाइटिस से प्रभावित हो रहे हैं या उससे प्रभावित होने की आशंका के दायरे में हैं।

आज भारत की पहचान विश्व के सर्वाधिक गंदे एवं न रहने योग्य देशों में से एक के रूप में की जाती है। हाल ही में एक वैश्विक सर्वे हुआ है, जो विश्व के 150 देशों में रहने योग्य दशाओं एवं स्वच्छता के मानकों पर आधारित है।

इस सर्वे में भारत के सभी महानगर, जिसमें दिल्ली और मुंबई भी शामिल हैं, का स्थान 130 से भी नीचे है। यह शर्मनाक है कि इस मामले में हम केवल पश्चिमी अफ्रीका के मात्र कुछ शहरों से ही बेहतर साबित हुए हैं। यह एक त्रासदी ही है कि इसी सर्वे में दिल्ली को भारत में अधिसंख्य जनों द्वारा रहने योग्य सबसे पसंदीदा शहर माना गया है। आज देश में बड़ी संख्या में झुग्गी-बस्तियों में विषाक्त वातावरण बना हुआ है। स्वच्छता के अभाव में अस्थमा और फेफड़ों से संबंधित संक्रमणकारी रोग अधिसंख्य जनसंख्या को अपनी चपेट में लिए हुए हैं।

देश में आमजन को प्रेरित करने के लिए कई महत्वपूर्ण कदम उठाने होंगे। यह प्रयास ग्राम, शहर और जिला स्तर पर होना चाहिए। उदाहरण के लिए ग्राम पंचायतों को अपने यहां उन व्यक्तियों को सम्मानित करना चाहिए, जिन्होंने गांव को सुंदर बनाने में योगदान दिया हो। इसके अतिरिक्त प्रत्येक स्तर जैसे-घर, कार्यक्षेत्र एवं सार्वजनिक स्थानों पर किए गये सफाई कार्यों के लिए अच्छा प्रदर्शन करने वाले व्यक्तियों को प्रोत्साहित किया जाना चाहिए। मीडिया को भी इस दिशा में किए जा रहे प्रयासों को विशेष स्थान और कवरेज देनी चाहिए, ताकि लोग बड़ी संख्या में इस प्रकार के रचनात्मक अभियानों से खुशी-खुशी जुड़ें और अपने वातावरण को पहले से अधिक स्वच्छ, सुंदर एवं बेहतर बनाने के लिए प्रतिबद्ध हों।

स्वच्छ भारत की कल्पना को साकार रूप देने के लिए देश में अनेक प्रेरक कहानियां भी सामने आ रही हैं। महाराष्ट्र के बाशिंग जिले के सांईखेड़ा गांव में कुछ ऐसा ही प्रेरक उदाहरण सामने आया। समाज के लिए एक आदर्श प्रस्तुत करते हुए इस गांव की रहने वाली संगीता ने गांव में शौचालय बनवाने के लिए अपना मंगलसूत्र तक बेच दिया। संगीता का कहना है, ''जेवरों के बजाय शौचालय अधिक महत्वपूर्ण एवं बुनियादी आवश्यकता है और इसीलिए मैंने अपने सारे जेवर बेचकर शौचालय बनवा दिया।'' राज्य सरकार ने इसके लिए संगीता को सम्मानित किया और राज्य की ग्रामीण विकास मंत्री पंकजा मुंडे ने संगीता को नया मंगलसूत्र भी भेंट किया। इसी प्रकार का एक उदाहरण उत्तर प्रदेश के बाराबंकी जिले में सामने आया, जब एक युवती ने शौचालय न होने के कारण विवाह से इनकार कर दिया। बाद में ग्राम सभा ने मिलकर शौचालय का निर्माण करा दिया। इसी प्रकार उत्तर प्रदेश के मैनपुरी जिले के नगलाभंत के प्राथमिक विद्यालय में शौचालय व्यवस्था को स्वयं प्रधानाध्यापिका श्रीमती ऊषा देवी ने व्यक्तिगत प्रयास कर निर्मित कराया। इस प्रकार के प्रेरक उदाहरण पूरे देश के विभिन्न हिस्सों से सामने आ रहे हैं।

वास्तव में शौचालय न होने का सबसे अधिक खामियाजा और इससे होने वाली परेशानियां महिलाओं को ही भुगतनी पड़ती हैं। भारत जैसे देश में जहां महिलाओं की सुरक्षा एक गंभीर चिंता का विषय है, वहां देश की करोड़ों महिलाओं को प्रातः सूर्योदय से पहले ही खुले में शौच के लिए घर से दूर जाना पड़ता है। हजारों वर्षों से हर मौसम में चाहे वह गर्मी हो, जाड़ा हो, या मूसलाधार बारिश। यह कटु अनुभव महिलाओं के लिए उनकी नियति बन गई है। भारत जैसे देश में जहां नारी को पूज्यनीय माना गया है, क्या वह देश अपनी आधी जनसंख्या को साफ एवं स्वच्छ शौचालय तक उपलब्ध नहीं करा सकता? यह घोर चिंता एवं लज्जा का विषय है कि आजादी के छह दशक का समय बीतने के बाद भी हम शौचालय जैसी बुनियादी जरूरतें तक पूरी नहीं कर पाए हैं।

स्वच्छता को प्रोत्साहन देने के लिए विभिन्न राज्य भी अपने-अपने ढंग से विभिन्न रचनात्मक कार्यक्रमों एवं नीतियों के साथ आगे आ रहे हैं। हाल ही में उत्तर प्रदेश में सरकार द्वारा 'क्लीन-ग्रीन अभियान' को शुरू किया गया है। इसके तहत प्रदेश के तीन शहरों लखनऊ, आगरा व मथुरा के लिए सफाई प्रतियोगिता शुरू करने का निर्णय लिया गया है। इसके तहत स्वच्छता के मानकों पर खरा उतरने वाले सर्वश्रेष्ठ तीन वार्डों को एक करोड़ रुपये की नकद धनराशि देकर पुरस्कृत किया जाएगा।

स्वच्छता न केवल एक आवश्यकता है, वरन इससे भी अधिक एक उत्कृष्ट जीवन मूल्य भी है। यह व्यक्तिगत कार्यवाही भी है और सामूहिक कर्तव्य भी। स्वच्छ भारत नगरपालिका या स्थानीय निकायों का ही उत्तरदायित्व नहीं माना जा सकता। स्वच्छ भारत के निर्माण के लिए देश के प्रत्येक नागरिक को अपना योगदान देना होगा। विश्व स्वास्थ्य संगठन का कहना है कि प्रदूषित पानी 80 प्रतिशत रोगों का मूल कारण है, जो अपर्याप्त स्वच्छता और सीवेज निपटान विधियों का परिणाम है। आज लोगों को स्वच्छता के महत्व की जानकारी देने और शहरी तथा ग्रामीण दोनों ही क्षेत्रों में स्वच्छतापूर्ण विधियों के उपयोग की शिक्षा देने की आवश्यकता है।

भारत में अपर्याप्त स्वच्छता सुविधाओं और आवश्यक जागरुकता की कमी के कारण अनेक स्वास्थ्य समस्याएं सर्वत्र उत्पन्न होती ही रहती हैं। कई स्वास्थ्य समस्याएं यथा-पेट में कीड़े, मानवीय गोल कृमि और मानवीय हुक वर्म आदि सीधे-सीधे गंदगी और संक्रमण से जुड़ी हुई हैं। थोड़े से योजनाबद्ध प्रयास और

स्वच्छता के मानकों का पालन करने मात्र से देश को कमजोर करने वाले इन रोगों से मुक्ति पाई जा सकती है। इन रोगों की दर आमतौर पर अर्धशहरी और ग्रामीण क्षेत्रों में निम्न आय वर्ग में बहुत अधिक पाई जाती है। इससे देश की 60 करोड़ जनता सीधे–सीधे प्रभावित होती है। स्पष्ट है कि इससे देश के मानव संसाधन का राष्ट्रीय हित में कुशलतापूर्वक प्रयोग नहीं हो पा रहा है।

सोच बदलो : देश बदलो

इस देश को, इस समाज को, हमारी सभ्यता और संस्कृति को बचाने का स्वच्छता के अतिरिक्त और कोई दूसरा मार्ग अब शेष नहीं रह गया है। क्या हमारी स्वचेतना पर कोई असर पड़ रहा है? क्या हम इस दिशा में पर्याप्त संवेदनशील हो रहे हैं? इतने विशाल खर्चे पर होने वाले कार्यक्रमों, जागरुकता अभियानों और नारों का अभी भी यदि हमारी सुप्त चेतना और गैर जिम्मेदार रवैये पर प्रभाव नहीं पड़ा, तो इससे अधिक दुर्भाग्य की बात कुछ और नहीं हो सकती। स्वच्छ एवं स्वस्थ रहना किसी भी मनुष्य मात्र के लिए सबसे अधिक महत्वपूर्ण एवं उसकी प्राथमिक पहचान होती है। स्वच्छता के मार्ग पर चलकर ही स्वास्थ्य, समृद्धि और सम्मान को प्राप्त किया जा सकता है।

संपूर्ण स्वच्छता के अखिल भारतीय लक्ष्य को प्राप्त करने के लिए भारत के सवा सौ करोड़ नागरिकों में एक मानसिक क्रांति पैदा करनी होगी। यह मानसिक क्रांति ही एक अनुशासन और सतत परिश्रम की ओर समाज को ले जा सकती है। धैर्यपूर्वक योजनाबद्ध ढंग से निरंतर कार्य करने के बाद ही स्थाई सफलताएं प्राप्त हो सकती हैं। यह बात भारतीय नागरिकों को समझनी चाहिए। 'आज ही बोएं, आज ही खाएं' वाली व्याकुल, अधीर और स्वार्थपूर्ण मानसिकता से बाहर आने की आवश्यकता है। इस मानसिकता से मुक्त हुए बिना 'समर्थ भारत' का निर्माण संभव नहीं हो पाएगा। राष्ट्र के निर्माण में सैकड़ों वर्षों तक अनेक पीढ़ियों को अपना सर्वस्व खपाना पड़ता है।

भारतीय नागरिकों की परीक्षा की घड़ी आ चुकी है। आज हमारी मानसिकता बेहद संकुचित हो गई है और इसीलिए हमें किसी भी कार्य का परिणाम जल्द मिल जाए, ऐसी हमारी उत्सुकता और व्यग्रता सदैव बनी रहती है। हम यह भी चाहते हैं कि हमारे किए कार्य का प्रदर्शन हो और उसकी प्रशंसा भी हो। हम में से अधिकांश लोगों में स्वप्रेरणा का अभाव होता है और यही कारण है कि देश को स्वच्छ बनाने

के लिए अभियान चलाने की आवश्यकता होती है, जबकि यह भाव तो हम सभी में स्थाई रूप से स्वतः निर्मित होना चाहिए।

'स्वच्छ भारत' और 'स्वस्थ भारत' वास्तव में एक-दूसरे के पूरक हैं। स्वच्छता निश्चित रूप से स्वस्थ रहने की गारंटी है। स्वच्छता एक अवधारणा ही नहीं, बल्कि एक प्रवृति भी है। आज जरूरत इस बात की है कि भारतीय नागरिकों में इस प्रवृति का निरंतर विकास किया जाए। इसके विकास और विस्तार के लिए जरूरी है कि पूरे देश में युद्धस्तर पर स्वच्छता के प्रति एक-एक नागरिक को जागरूक किया जाए। अक्सर हम सार्वजनिक स्थलों पर सफाई के लिए सरकारी एजेंसियों को कोसते रहते हैं। सवाल यह है कि आखिर यह गंदगी कहां से आती है? इसे कौन फैलाता है? इसके लिए कौन दोषी है? जितना सफाई न करने वाला एक सरकारी कर्मी और प्रशासन दोषी है, उतना ही गंदगी फैलाने वाले भी कसूरवार हैं। इसलिए गंदगी और स्वच्छता भी एक-दूसरे के साथ-साथ चलने वाली प्रक्रिया है। इसके लिए व्यक्तिगत प्रयास के साथ-साथ व्यापक सामुदायिक प्रयास भी किए जाने की आवश्यकता है।

हम अक्सर स्वच्छता को लेकर पाश्चात्य देशों का उदाहरण देते हैं, लेकिन हमें यह देखना होगा कि इन देशों के नागरिक भी स्वच्छता को लेकर काफी संवेदनशील हैं। पाश्चात्य विकसित देशों में गंदगी को सार्वजनिक स्थलों पर भारत की तरह गैरजिम्मेदाराना ढंग से नहीं फैलाया जाता है। ऐसा नहीं है कि विकसित पाश्चात्य देशों के नागरिक मात्र नियम-कानून के भय से अनुशासित रहते हैं, बल्कि यह उनकी विकसित एवं परिपक्व चेतना के कारण संभव हो पाता है। पाश्चात्य विकसित देशों के नागरिक राष्ट्र और पर्यावरण के प्रति अपने दायित्वों को बहुत बेहतर ढंग से समझते हैं। भारतीय नागरिकों को भी राष्ट्र और पर्यावरण के प्रति इसी प्रकार का चेतनाभाव स्वयं में विकसित करना होगा। हमारे देश में सरकारी निकाय को स्वच्छता के प्रति और भी संवेदनशील और गंभीर होना चाहिए।

मात्र सरकार के भरोसे बैठे रहने से यह विशाल देश साफ-सुथरा नहीं हो सकता। विडम्बना यही है कि भारतीय नागरिक अधिकांशतः हर काम में सरकार का मुंह देखते रहने के तथा उसके भरोसे बैठे रहने के आदी हो चुके हैं। इतने बड़े देश में समस्त संसाधन जुटा पाना किसी भी सरकार के लिए कभी संभव नहीं हो पाएगा। नागरिक दायित्वबोध ही सरकार के इस बोझ को अपने ऊपर ले सकता

है। हम जिस प्रकार से अपना समझकर अपने घर को साफ–सुथरा रखते हैं, वैसे ही यदि गली–मोहल्ला तथा अपने सार्वजनिक स्थल भी साफ–सुथरा रखने की प्रतिज्ञा कर लें, तो वास्तव में कभी गंदगी दिखेगी ही नहीं।

स्वच्छता का जीवन के प्रत्येक क्षेत्र में महत्वपूर्ण स्थान है। गंदगी के कारण होने वाले विभिन्न प्रकार के रोगों से प्रतिवर्ष हजारों लोगों की जानें जाती हैं और देश की अमूल्य संपदा बर्बाद हो जाती है। यदि इस मुद्दे पर नागरिकों में पर्याप्त जागरूकता हो, तो जान–माल के इस भारी–भरकम नुकसान को बचाया जा सकता है। वास्तव में नागरिक इच्छाशक्ति ही इस राष्ट्र को स्वच्छ और स्वस्थ बना सकती है। यह कोई मुश्किल कार्य नहीं है, बस सोच बदलने की बात है।

6. प्रदूषणमुक्त भारत

वर्तमान आधुनिक युग में मनुष्य जितना अधिक प्राकृतिक संसाधनों का उपभोग कर रहा है, उसे पूरा करने के लिए 'पृथ्वी' छोटी पड़ती जा रही है। मनुष्य की आवश्यकताएं इतनी अधिक बढ़ गई हैं कि अब उसे 'डेढ़ पृथ्वी' की जरूरत होगी। प्राकृतिक संसाधनों पर आश्रित गतिविधियों के नियोजन और प्रबंधन के केंद्र में पारिस्थितिक तंत्र को रखकर ही आर्थिक और सामाजिक लाभ लिया जा सकता है। आज अधिसंख्य जनसंख्या शहरों में रह रही है। विकासशील विश्व में शहरीकरण तेजी से हो रहा है। पृथ्वी पर उपलब्ध प्राकृतिक संसाधनों के उपयोग के लिए मनुष्य को अपनी जरूरतें सीमित और तार्किक करनी होंगी। इसी प्रकार मनुष्य को आवश्यकताओं और प्राथमिकताओं के बेहतर और तार्किक चयन, प्रबंधन तथा समन्वय की ओर उन्मुख होना होगा। यह अब बहुत आवश्यक हो गया है कि उपलब्ध प्राकृतिक संसाधनों का बेहतर ढंग से सदुपयोग और प्रबंधन हो।

अब समय आ गया है कि प्रशासनिक सक्रियता और योजनाओं की सफलता को 'जीडीपी' के संकीर्ण दायरे से बाहर निकलकर सर्वांगीण रूप में देखा जाए। समग्र विकास की अवधारणा को महज आंकड़ों से नहीं नापा जा सकता। यह आवश्यक है कि विकास को पर्यावरणीय संतुलन और प्राकृतिक संसाधनों के संरक्षण के संदर्भ में देखा जाए। पर्यावरण की कीमत पर होने वाला कोई भी विकास अंततः मानवता के लिए विनाश ही सिद्ध होगा। 2050 तक विश्व की जनसंख्या दो अरब बढ़ जाने का अनुमान है। ऐसे में इस विशाल मानव जनसंख्या को उसकी आवश्यकता के अनुरूप भोजन, पानी और ऊर्जा मुहैया कराना सबसे बड़ी चुनौती होगी।

वर्तमान में विश्व में करीब एक अरब लोग भुखमरी से जूझ रहे हैं। 76.8 करोड़ लोगों को साफ पेयजल नसीब नहीं है। 1.4 अरब लोग भरोसे वाली बिजली

से वंचित हैं। जलवायु परिवर्तन और पारिस्थितिक तंत्र एवं प्राकृतिक संसाधनों के क्षरण ने इस समस्या को गंभीर बनाने का काम किया है। खाद्य, पानी, ऊर्जा, सुरक्षा और पारिस्थितिकीय तंत्र की सेहत एक-दूसरे से जुड़े हैं। किसी भी प्राकृतिक संसाधन का अत्यधिक प्रयोग या दुरुपयोग संपूर्ण प्राकृतिक संतुलन और पारिस्थितिकीय तंत्र को क्षति पहुंचाता है। यथा - अधिक कृषि उत्पादन के लक्ष्य की प्राप्ति के लिए पानी और ऊर्जा जैसे प्राकृतिक संसाधनों की खपत बढ़ जाती है। इसका अंतिम असर जैव विविधता और पारिस्थितिकीय तंत्र के संतुलन पर भी पड़ेगा। प्रकृति को सहेजते हुए इसके संसाधनों का जिम्मेदारीपूर्वक सदुपयोग करने से ही स्थिर मानव विकास और व्यापक जनकल्याण संभव हो सकता है।

धरती के ऊपर वायुमंडल में ओजोन गैस की एक परत है, जो छतरी की तरह धरती को नुकसानदेह पराबैंगनी (अल्ट्रा वॉयलेट) किरणों से बचाती है। एसी और रेफ्रिजरेटर में इस्तेमाल होने वाले 'हाइड्रोफ्लुरोकार्बन्स' (एचएफसी) गैसों, जिन्हें 'सुपर ग्रीन हाउस गैस' भी कहा जाता है, इस परत को नष्ट करने का काम करते हैं। आमतौर पर निर्माता इकाइयों और कारखानों से इन गैसों का उत्सर्जन बहुत अधिक मात्रा में होता है। इससे पर्यावरण को गंभीर रूप से नुकसान पहुंचता है। संयुक्त राष्ट्र सम्मेलन में भारत पर्यावरण के लिए हानिकारक 'हाइड्रोफ्लुरोकार्बन्स' के मुद्दे पर अपनी स्थिति स्पष्ट नहीं कर सका। सम्मेलन में देशों के बीच इस बात पर बहस चल रही थी कि इन गैसों को चरणबद्ध ढंग से कम करने के लिए मांट्रियल घोषणा पत्र में प्रस्तावित संशोधन के लिए संपर्क समूह का गठन किया जाए या नहीं। अन्य देश जहां इस मुद्दे के पक्ष या विपक्ष में अपनी बात रख रहे थे, वहीं भारत ने न तो इसका समर्थन और न ही विरोध किया। स्पष्ट है कि पिछले एक दशक में भारत में प्रमाणिक एवं वैज्ञानिक ढंग से पर्यावरण से जुड़े विभिन्न तथ्यों का सटीक आंकलन नहीं किया गया है। यह स्थिति चिंताजनक है और पर्यावरण के गंभीर मुद्दे पर भारत की लचर रीति-नीति और कमजोर तैयारियों को प्रदर्शित करती है।

प्रकृति है वरदान, क्यों मानव नादान

'विश्व वन्यजीव कोष' द्वारा जारी रिपोर्ट के अनुसार पिछले 40 वर्षों में हमारी पृथ्वी पर रहने वाले वन्य जीवों की संख्या घटकर आधी रह गई है। 'विश्व वन्यजीव कोष' के विशेषज्ञों ने 1970-2010 की अवधि में 'ग्लोबल फुटप्रिंट

नेटवर्क कोष' और 'लंदन ज्योलॉजीकल सोसायटी' के विशेषज्ञों के साथ मिलकर वन्य जीवों की 3430 प्रजातियों का अध्ययन किया। इन आंकड़ों के आधार पर तैयार रिपोर्ट में कहा गया है कि मीठे जल में रहने वाली प्रजातियों के जीवों की संख्या में 76 प्रतिशत, भूमि पर रहने वाली वन्य जीवों की संख्या में 39 प्रतिशत और समुद्रों में रहने वाले जीवों की संख्या में भी 39 प्रतिशत की कमी आई है। इसके विपरीत इसी अवधि में हमारी पृथ्वी पर जनसंख्या 3.7 अरब से बढ़कर दोगुनी यानी लगभग सात अरब हो गई है। मानव जाति प्राकृतिक संसाधनों की खपत ज्यादा करती है, जबकि प्राकृतिक संसाधनों के बढ़ने की क्षमता सीमित होती है।

आज विश्व के अनेक द्वीपों पर खतरे के बादल मंडरा रहे हैं। इसका सबसे बड़ा कारण है जलवायु परिवर्तन के कारण समुद्र का लगातार बढ़ता जलस्तर। ऐसी आशंका है कि कहीं मॉरीशस, लक्षद्वीप और अंडमान द्वीपसमूह के साथ श्रीलंका और बांग्लादेश जैसे देशों का भविष्य में अस्तित्व ही न समाप्त हो जाए। 'राष्ट्रीय समुद्र विज्ञान संस्थान' की रिपोर्ट के अनुसार, खाड़ी के द्वीपों में से ज्यादातर की स्थिति नाजुक है। पर्यटन के लिहाज से बड़े केंद्र और खूबसूरत देशों में शामिल मालद्वीप पर भी खतरा है। इन खतरों से ही मालद्वीप ने अपने देश के लोगों को नई जगह बसाने की योजना बनाई है। इसके लिए जमीन खरीदने पर भी विचार हो रहा है।

अब तक समुद्र का जलस्तर बढ़ने से दुनिया में 18 द्वीप पूरी तरह जलमग्न हो चुके हैं। विशेष रूप से सुंदरवन बाढ़, तूफान, लवणता और कटाव की बढ़ती समस्याओं से प्रभावित रहा है। यहां पिछले 30 सालों में कटाव के कारण सात हजार लोगों को विस्थापन का दंश झेलना पड़ा है। इसके अलावा चीन के पास के समुद्री द्वीपों पर भी खतरा मंडरा रहा है। 10 हजार की जनसंख्या वाला भारत का लोहाचार द्वीप 1996 में ही लुप्त हो गया था। विगत 25 सालों में बंगाल की खाड़ी में स्थित घोड़ामारा द्वीप नौ वर्ग किलोमीटर से घटकर 4.7 वर्ग किलोमीटर रह गया है। बंगाल की खाड़ी में समुद्र का जलस्तर 3.3 मिलीमीटर प्रतिवर्ष की रफ्तार से बढ़ रहा है।

ऑकलैंड, न्यूजीलैंड, प्रशांत द्वीप क्षेत्र में स्थित 10 लाख की जनसंख्या वाला किरिबाती द्वीप भी संकट में है। किरिबाती का उच्चतम बिंदु समुद्र तल से केवल दो मीटर अधिक है। अभी किरिबाती के लोगों को बसाने के लिए छह सौ एकड़

जमीन खरीदकर फिजी में बसाने की योजना पर कार्य किया जा रहा है। असम में ब्रह्मपुत्र नदी के बीचों-बीच स्थित दुनिया का सबसे बड़ा द्वीप माजुली बाढ़ और भूमि कटान के कारण खतरे में है। इसका क्षेत्रफल 1278 वर्ग किलोमीटर से घटकर केवल 557 वर्ग किलोमीटर रह गया है। इसके 23 गांवों में करीब डेढ़ लाख लोग रहते हैं। 972 किलोमीटर पश्चिम में स्थित प्रशांत महासागर में भूमध्य रेखा के आसपास फैले ज्वालामुखी द्वीपों के समूह को गैलापागोस कहते हैं। यह विश्व धरोहर स्थल है। वन्यजीव पर्यावरण और पारिस्थितिकीय तंत्र की विशेषता रहे हैं। वर्तमान में तापमान में हो रही तीव्र वृद्धि से इन द्वीपों के पौधे और जीव नष्ट होने की स्थिति में पहुंच गए हैं।

समुद्र के जलस्तर में दिनोंदिन बढ़ोत्तरी का अहम कारण 'ग्लोबल वार्मिंग' है, जिससे द्वीपों के डूबने का खतरा मंडरा रहा है। विश्व के वैज्ञानिकों ने यह आशंका व्यक्त की है कि यदि समुद्र के जलस्तर में बढ़ोत्तरी की रफ्तार इसी प्रकार बनी रही, तो 2020 तक विश्व के 14 द्वीप पूरी तरह विलुप्त हो जाएंगे। संयुक्त राष्ट्र का आंकलन है कि समुद्र के बढ़ते जलस्तर से छोटे-छोटे द्वीपों पर रहने वाले तक-रीबन दो करोड़ लोग वर्ष 2050 तक विस्थापित हो जाएंगे। वैज्ञानिकों का मानना है कि 21वीं सदी के अंत तक समुद्र के जलस्तर में एक मीटर की बढ़ोत्तरी होगी। स्पष्ट है कि तेजी से बढ़ रहा पर्यावरण असंतुलन और प्राकृतिक क्षरण अगले एक दशक में ही भयंकर विनाशकारी परिणाम उत्पन्न कर सकता है। यह एक वैश्विक समस्या है और भारत भी इससे अछूता नहीं रह सकता है। यह आवश्यक है कि तत्काल इस दिशा में रचनात्मक कदम उठाए जाएं और पर्यावरण के संभावित विनाश को बचाया जाए। ऐसा करके ही मानव सभ्यता को बचाया जा सकता है।

जलवायु परिवर्तन के संबंध में संयुक्त राष्ट्र महासचिव बान की मून का कहना है कि जलवायु परिवर्तन से मानवीय, पर्यावरणीय और वित्तीय नुकसान अब नियंत्रण से बाहर होता जा रहा है। विश्व का कार्बन उत्सर्जन कम करना होगा, तभी इस सदी के अंत तक इस भयावह स्थिति पर नियंत्रण हो पाएगा। धरती पर बढ़ते तापमान के खतरे हेतु कार्ययोजना बनाने के लिए संयुक्त राष्ट्र के आह्वान पर 2010 में कोपेनहेगन सम्मेलन के बाद 120 देशों का न्यूयॉर्क मे आयोजित किया गया सम्मेलन भी बेनतीजा रहा था। इसमें वर्ष 2020 के बाद ग्रीन हाउस गैसों के उत्सर्जन में कटौती के समझौते तय करने वाले वर्ष 2015 के पेरिस सम्मेलन की बुनियाद रखी जानी थी। सम्मेलन में भारत का दृढ़ मत था कि विकसित देश अपने

वादे के मुताबिक काम करें, तभी अंतर्राष्ट्रीय समुदाय तय किए गए लक्ष्यों को प्राप्त कर सकेगा। विकसित देशों का अड़ियल रुख इस समस्या के समाधान में सबसे बड़ी बाधा है। ग्रीन हाउस गैसों का उत्सर्जन कम कर, वैकल्पिक ऊर्जा के स्रोत तलाश कर, समुद्री इलाके मे चट्टानों को प्राकृतिक संसाधनों का समुचित प्रयोग व संतुलित विकास और पारिस्थितिकीय संतुलन के लिए समुद्री द्वीप संरक्षण कानून बनाकर ही संभावित खतरे से द्वीपों को बचाया जा सकता है।

गैर जिम्मेदार मानव : बढ़ता प्रदूषण का दानव

पर्यावरण असंतुलन और पारिस्थितिकीय तंत्र में बदलाव के चलते वैश्विक तापवृद्धि मानवता पर एक नवीन विनाशकारी संकट है। वैज्ञानिकों के दल ने अपने शोध में कहा है कि इस सदी के अंत तक वैश्विक स्तर पर मौसम का चक्र कुछ ऐसा हो जाएगा, जिसके चलते नागरिकों के लिए जिंदगी कठिन हो जाएगी। 'रॉयल सोसायटी' की ओर से जारी रिपोर्ट में कहा गया है कि सन 2100 तक धधकती गर्मी का असर 10 गुना तक बढ़ जाएगा। वहीं बाढ़ का खतरा चार गुना ज्यादा होगा। पर्यावरण परिवर्तन के कारण पारिस्थितकीय संकट दो से तीन गुना तक बढ़ जाएगा। वैज्ञानिकों का कहना है कि 2003 में भी तेज गर्मी के हालात दिखाई पड़े थे, कुछ वैसे ही और उससे कहीं बदतर हालात अब नियमित रूप से दिखने का समय निकट आता जा रहा है। उल्लेखनीय है कि वर्ष 2003 में भीषण गर्मी के कारण ब्रिटेन में दो हजार लोगों की मौत हुई थी। यूरोप में करीब 20 हजार लोग मारे गये थे। कई जगहों पर रेल की पटरियों के मुड़ने की भी खबर थी। तापवृद्धि से दुनिया के सूखे हिस्से और सूख जाएंगे, जबकि पानी की बहुलता वाले क्षेत्र डूबने की स्थिति में आ जाएंगे। तापवृद्धि से प्रभावित क्षेत्रों में जनसंख्या की वृद्धि से इन क्षेत्रों में बाढ़ और सूखे का भयावह प्रभाव और विचित्र असंतुलन दिखाई पड़ेगा।

वैश्विक तापवृद्धि वास्तव में मनुष्य के आर्थिक लोभ और अनियोजित अंधाधुंध आर्थिक विकास का परिणाम है। इस परिणाम को भोगने के लिए संपूर्ण मानव जाति अभिशप्त है। आर्थिक विकास और औद्योगिक गतिविधियों की वजह से वैश्विक स्तर पर 'ग्रीन हाउस गैसों' का वायुमंडल में संकेन्द्रण बढ़ा है, जो 'ग्रीन हाउस प्रभाव' उत्पन्न करते हैं। जिसके परिणामस्वरूप पृथ्वी के तापमान में वृद्धि होती है। 'ग्रीन हाउस' वह प्रक्रिया है, जिसमें सूर्य (सौर विकिरण) से ऊर्जा

स्वच्छंद रूप से वायुमंडल से होकर गुजरती है, परन्तु पृथ्वी से वापस विकिरण हुई उष्मा वायुमंडल में गैसों द्वारा आंशिक रूप से रोकी जाती है या सोख ली जाती है।

बादलों द्वारा सोखा गया विकिरण, कार्बन डाइऑक्साइड और कुछ अन्य गैसें 'ग्रीन हाउस प्रभाव' उत्पन्न करती हैं इससे वायुमंडल अतिरिक्त रूप से गर्म हो जाता है। यह अतिरिक्त गर्मी पर्यावरण में परिवर्तनों की एक श्रृंखला उत्पन्न करती है, जैसे ग्लेशियरों का पिघलना, समुद्र की सतह में वृद्धि, तटीय पारिस्थितिकीय तंत्रों का अपरदन आदि। ये सभी पक्ष वैश्विक चिंता का कारण है। कार्बन डाइऑक्साइड, मिथेन, नाइट्रस ऑक्साइड, क्लोरोफ्लोरो कार्बन 'ग्रीन हाउस गैस' कहलाती हैं। आधे से अधिक ग्रीन हाउस प्रभाव का निर्माण कार्बन डाइऑक्साइड करता है। क्लोरोफ्ल्यूरी कार्बन, जिसमें क्लोरीन और ब्रोमीन होता है, को ओजोन परत की क्षीणता का कारण माना जाता है, जो परिवर्तित होकर आने वाली अल्ट्रावॉयलेट विकिरण को बढ़ाती हैं। इससे संपूर्ण विश्व में त्वचा कैंसर के रोगियों की संख्या निरंतर बढ़ती जा रही है।

वैश्विक स्तर पर हो रही ताप वृद्धि वास्तव में एक बहुत चिंताजनक खतरा है। तापमान में वृद्धि के कारण समग्र वैश्विक जलवायु और पर्यावरण के लिए गंभीर खतरा पैदा हो गया है। इसका प्रभाव ग्लेशियरों के पिघलने और समुद्र के जलस्तर में बढ़ोतरी के रूप में देखने को मिल रहा है। भविष्य में इसका सबसे अधिक खतरनाक प्रभाव खाद्यान्नों, वन्य जीवों और पीने के पानी पर पड़ेगा। पिछले दो दशकों में वैश्विक स्तर पर तापवृद्धि निरंतर जारी है। यदि अब तक पृथ्वी के 20 सबसे गर्म वर्षों की एक सूची बनाई जाए, तो हम देखेंगे कि इसमें से सर्वाधिक गर्म 19 वर्ष तो मात्र गत दो दशकों में ही हो गए हैं। इससे सिद्ध होता है कि तापवृद्धि को वैश्विक समाज को बेहद गंभीरता से लेने की आवश्यकता है। वास्तव में अब ग्लोबल वार्मिंग को लेकर कोई चलताऊ दृष्टिकोण या बहानेबाजी भविष्य में मानव सभ्यता के लिए संकट ही पैदा करेगी। बढ़ती तापवृद्धि सेअनेक विकराल समस्याएं आनी शुरू हो गई है और भविष्य में इनका विनाशकारी स्वरूप देखने को मिलेगा।

तेजी से बढ़ती गर्मी मात्र मैदानी इलाकों तक ही सीमित नहीं है, समुद्री क्षेत्रों में भी पिछली एक सदी में औसत तापमान एक डिग्री से अधिक ऊपर चला गया है। अब तक समुद्र ही काफी हद तक मैदानी क्षेत्रों के असंतुलन को दूर कर पारिस्थितिकीय तंत्र को नियंत्रित बनाए रखते थे, लेकिन अब स्वयं समुद्र भी

संकटग्रस्त होते जा रहे हैं। दुर्भाग्य का विषय है कि अभी भी विश्व में कोई भी देश समुद्रों और मैदानी क्षेत्रों में आ रहे तापवृद्धि के इस संकट को अपनी शीर्ष प्राथमिकता के रूप में अपने एजेंडे में शामिल नहीं कर रहा है। तमाम विशेषज्ञों का कहना है कि इससे विभिन्न देशों के बीच और देश के अंदर भी राजनीतिक संकट बढ़ने की संभावना है। यह सुनिश्चित है कि पर्यावरण का संकट कई प्रकार की जटिल समस्याओं को पैदा करेगा। यदि ऐसा हुआ, तो संकीर्ण राजनीति में उलझे राष्ट्र परस्पर गंभीर संघर्षों में उलझ जाएंगे। प्राकृतिक संसाधनों को लेकर वैश्विक संघर्ष एक नया रूप ले सकता है। वास्तव में पर्यावरण पर संभावित खतरा एक साझा वैश्विक संकट है और विश्व के समस्त राष्ट्र मिल-जुलकर ही इस समस्या से स्वयं को बचा पाएंगे। यह लगभग सुनिश्चित है कि इस विश्व और मानव सभ्यता के अस्तित्व के लिए यदि परमाणु अस्त्र निकट भविष्य में खतरा सिद्ध न भी हुए, तो भी तेजी से हो रहे प्राकृतिक क्षरण और पर्यावरण असंतुलन से इस विश्व और मानव सभ्यता का अंत सुनिश्चित है।

ग्रीन हाउस गैसों के कुल उत्सर्जन का एक तिहाई हिस्सा वास्तव में कृषि और वनों से होता है। इस बारे में 15 कृषि शोध केंद्रों का संचालन करने वाली संस्था 'कंसल्टेटिव ग्रुप ऑन इंटरनेशनल एग्रीकल्चर रिसर्च' (सीजीआईएआर) का कहना है कि जलवायु परिवर्तन में बदलाव लाने के लिए कृषि क्षेत्र से होने वाले कार्बन उत्सर्जन को सीमित किया जाना महत्वपूर्ण है। वनों के उन्मूलन और भूमि प्रयोग में बदलाव से तकरीबन 12 हजार मेगावाट कार्बन डाइऑक्साइड का उत्सर्जन प्रति वर्ष वातावरण में होता है। ग्रीन हाउस गैस के उत्सर्जन में इतना अधिक योगदान जलवायु असमानता को जन्म देगा।

जलवायु परिवर्तन में कृषि की उल्लेखनीय भूमिका को देखते हुए जी-20 देशों से खाद्य सुरक्षा के मुद्दे पर दूरदर्शी नीति अथवा रुख की अपेक्षा थी, लेकिन यह उम्मीद अधूरी ही रही है। वर्ष 2013 के घोषणापत्र में जी-20 राष्ट्रों ने खाद्य सुरक्षा के मुख्य विषय पर बल दिया था। इसके तहत कृषि उत्पादकता बढ़ाने के साथ-साथ वैश्विक खाद्य तंत्र की मजबूती के लिए निवेश तथा व्यापार को जरूरी माना गया। इसे आर्थिक विकास और रोजगार को प्रोत्साहन देने के लिए भी जरूरी समझा गया। उत्पादकता बढ़ाने के लिए छोटे किसानों की मदद की बात कही गई, लेकिन कुल मिलाकर यह प्रस्ताव उस समस्या के समाधान की दिशा में कोई पहल नहीं करता, जिस कारण आज वैश्विक कृषि जलवायु परिवर्तन के लिए एक बड़ा

खतरा बन गई है। खाद्यान्नों से संबंधित उत्सर्जन और इसका जलवायु परिवर्तन पर प्रभाव फसलों के उत्पादन के तरीकों को पूरी तरह बदलने वाला है।

वन्य जीव, नदियां और वन : बिन इनके मानव निर्धन

विलंब से ही सही, परंतु वैश्विक स्तर पर अब आधुनिक संदर्भ में यह स्वीकार किया जाने लगा है कि पर्यावरण का स्तर गिरने से आर्थिक विकास का लाभ व्यर्थ हो जाता है। उदाहरणार्थ भारत और चीन जैसे विश्व के अनेक विकासशील देश अब इस बात को समझ रहे है कि प्रदूषण नियंत्रण एवं पर्यावरण संरक्षण मात्र अमीर राष्ट्रों का 'स्टाइल स्टेटमेंट' नहीं हो सकता। आंकड़े बताते हैं कि आज प्रदूषण से भारत और चीन जैसे देशों को भारी आर्थिक नुकसान हो रहा है। इससे न केवल कृषि उत्पादों की क्षति हो रही है, वरन काम के घंटों की बर्बादी भी हो रही है और इससे उत्पन्न बीमारियों के चलते सेहत पर भी कहीं अधिक खर्च हो रहा है। समस्या मात्र यहीं तक सीमित नहीं है, वरन अब पर्यावरण के मुद्दे पर विश्व के विभिन्न देशों में परस्पर झगड़े और युद्ध भी बढ़ते जा रहे हैं।

पर्यावरण का स्तर गिरने के कारण मौजूदा तनाव और भी बढ़ सकते हैं और उनके परिणामस्वरूप गृह युद्ध भी हो सकते हैं। कोरिया युद्ध के बाद से रूस, जापान, उत्तरी कोरिया एवं दक्षिण कोरिया और चीन के बीच कई विवाद हो चुके हैं। इनमें से कई विवाद मछली पकड़ने के अधिकार को लेकर हुए हैं। इन विवादों के चलते अप्रत्याशित संख्या में लोग मरे हैं, क्योंकि मछुआरे और तटरक्षक उन नावों पर गोलियां दाग देते हैं, जिन्हें वे समझते हैं कि वे सीमा का अतिक्रमण कर रही हैं।

पारंपरिक तौर पर यह माना जाता है कि पर्यावरण को लेकर केवल विकसित एवं धनी देश ही जागरूक हैं और विकासशील देशों के नागरिक पर्यावरण के बारे में परवाह नहीं करते हैं। इस मान्यता का विरोध न केवल गरीब देशों के नागरिकों ने किया है, वरन उन देशों की सरकारों ने भी विभिन्न अंतर्राष्ट्रीय मंचों पर इस सामंती मान्यता का पुरजोर खंडन किया है। पर्यावरणवाद को केवल अमीरों से जोड़ना और यह कहना कि गरीब एवं अल्पविकसित राष्ट्रों को हरित आंदोलनों की ओर बढ़ने से पहले संपन्न हो जाना चाहिए, यह केवल धनी पाश्चात्य देशों की पूंजीवादी एवं कूटनीतिक मानसिकता का परिचायक है।

यह पूरी तरह स्पष्ट हो चुका है कि उन्नत एवं विकसित देशों की तरह ही अल्पविकसित, निर्धन एवं विकासशील देशों के लिए भी पर्यावरण संबंधी सरोकारों का उतना ही महत्व है। विकास और पर्यावरण के मुद्दे पर कोई बीच का रास्ता नहीं अपनाया जा सकता। पर्यावरण असंतुलन के दुष्प्रभाव गरीब एवं अल्पविकसित देशों के मामले में कहीं अधिक स्पष्ट रूप से दिखाई पड़ते हैं, क्योंकि इन देशों में पर्यावरणीय अवनति प्रायः आर्थिक अभाव को तेज कर देती है और नागरिक समस्याओं को बढ़ा देती है। हमें कदापि यह अधिकार नहीं है कि हम आने वाली पीढ़ियों के लिए हमारे ही लालच और हमारी ही अदूरदर्शी नीतियों से घायल और बदहाल हुई पृथ्वी को छोड़कर जाएं। हमें यह भी अधिकार कदापि प्राप्त नहीं है कि हम भूमंडल के कुछ हिस्सों के निवासियों को और भी अधिक विनाशकारी प्राकृतिक खतरों और पर्यावरणीय दबावों को झेलने के लिए अभिशप्त कर दें। अपने लालच और सुविधाओं की प्राप्ति के लिए पृथ्वी और उसके पर्यावरण को और अधिक विनाश की भेंट नहीं चढ़ाया जा सकता।

एक वैश्विक संकट

पर्यावरण असंतुलन के कारणों की वैश्विक पड़ताल का कार्य शुरू हो गया है। वैश्विक महाशक्तियां और 'संयुक्त राष्ट्र' ग्रीन हाऊस गैसों के प्रभाव को लेकर एक वैश्विक आम सहमति बनाने के प्रयास में दिखाई पड़ रहे हैं। इसी क्रम में अमेरिका और चीन द्वारा जलवायु परिवर्तन पर नवंबर, 2014 में की गई संयुक्त घोषणा के मूल में कार्बन डाइऑक्साइड और अन्य ग्रीन हाउस गैसों के उत्सर्जन के प्रभावों को कम करना है। इसमें कहा गया है कि अमेरिका 2025 तक निर्धारित ग्रीन हाऊस स्तर को 26 से 28 प्रतिशत तक कम करेगा। आधिकारिक आंकड़ों के अनुसार, वर्ष 2005 में अमेरिका का कार्बन डाइऑक्साइड उत्सर्जन 599.9 करोड़ टन था। चीन ने वादा किया है कि वह अपने कार्बन डाइऑक्साइड उत्सर्जन को 2030 तक या संभव हुआ, तो उससे पहले उच्चतम स्तर पर ले जाएगा। हालांकि इसमें यह स्पष्ट नहीं है कि यह उच्चतम स्तर क्या होगा? चीन ने यह इरादा भी जाहिर किया है कि 2030 तक वह अपने प्राथमिक ऊर्जा उपभोग में गैर-जीवावशेष ईंधन की हिस्सेदारी बढ़ाकर 20 प्रतिशत तक ले जाएगा। चिंता की बात यह है कि इसमें नाभिकीय ऊर्जा और बड़ी पन-बिजली परियोजनाएं शामिल हैं।

उल्लेखनीय है कि जलवायु परिवर्तन के मुद्दे पर भी दूसरे अंतर्राष्ट्रीय मंचों की तरह विकसित और विकासशील देशों के बीच हितों का टकराव सदैव से ही बना रहा है, हालांकि ध्रुवीकरण का चरित्र यहां थोड़ा बदला हुआ है। यहां 'बेसिक' देशों के रूप में संगठित ब्राजील, दक्षिण अफ्रीका, भारत व चीन ने तमाम विकासशील देशों की ओर से आवाज उठाई है। विकसित देश कहते रहे हैं कि जलवायु परिवर्तन के मुद्दे पर विकासशील देश अपने यहां गरीबी उन्मूलन जैसे कार्यक्रमों का हवाला देकर प्रदूषणमुक्त तकनीकी का खर्च बचाने की कोशिश न करें। उनका तर्क रहा है कि निर्धनता उन्मूलन को जलवायु परिवर्तन की वार्ता से दूर रखा जाए, लेकिन 'बेसिक' देशों ने साफ कह दिया है कि वे अपने यहां गरीबी मिटाने के कार्यक्रमों की अनदेखी करके जलवायु परिवर्तन पर बात नहीं कर सकते।

भारत का कहना है कि पर्यावरण बचाने की कवायद गरीबों की रोजी-रोटी की कीमत पर नहीं की जा सकती। विकासशील देशों को 'पर्यावरण मित्र' ऊर्जा के लिए बेहतर तकनीक जरूर चाहिए, लेकिन यह काम अमीर देशों की मदद से ही हो पाएगा। बहरहाल, काफी संघर्ष एवं विचार-विमर्श के बाद दोनों गुटों में तालमेल बनता दिख रहा है। भारत ने जोर दिया था कि 'क्योटो प्रोटोकॉल-1992' के तहत देशों को उत्सर्जन के आधार पर जिस तरह से वर्गीकृत किया गया था, वह वर्गीकरण बनाए रखा जाए। अमेरिका और यूरोपीय संघ का कहना था कि वे इस तरह का वर्गीकरण नहीं चाहते।

भारत ने विभेदीकरण को अहम माना था, परंतु साथ में यह भी कहा था कि सिर्फ इसकी वजह से संधि का ढांचा बदलना ठीक नहीं होगा। भारत के संदर्भ में सकारात्मक बात यह है कि इस सूचना वाला एक पैराग्राफ स्वीकृत प्रारूप में शामिल कर लिया गया है। वास्तव में संकट को देखते हुए पर्यावरण पर गंभीरता से काम करने की जरूरत है। विकसित देशों को इस संबंध में अपने वादे पूरे करने चाहिए। जलवायु परिवर्तन के नाम पर उन्होंने गरीब देशों की मदद के लिए जो 100 अरब डॉलर का कोष बनाने की बात की थी, उसमें भी अभी तक नाममात्र का ही पैसा इकट्ठा हो सका है। इससे प्रतीत होता है कि विकसित एवं धनी राष्ट्र बेसिक देशों की उलझनों के प्रति संवेदनशील नहीं हैं। यह ध्यान रखा जाना चाहिए कि देशों का निर्माण मनुष्यों ने किया है। प्रकृति और पर्यावरण सर्वव्यापी हैं और वे संसाधन एवं विनाश दोनों का ही वितरण बिना राष्ट्रीय सीमाओं की चिंता किए

करते हैं। पर्यावरण संरक्षण एक वैश्विक दायित्व है और इसे मिलकर ही पूरा किया जा सकता है।

'लीमा' समझौता

ग्रीन हाउस गैसों के उत्सर्जन के संभावित दुष्प्रभावों को लेकर वैश्विक मंचों पर विचार-विमर्श तेज हुआ है। अनेक अंतर्राष्ट्रीय मंचों पर इस दिशा में रचनात्मक और सकारात्मक समझौते और द्विपक्षीय वार्ताएं सामने आ रही हैं। इस दिशा में एक व्यापक चिंतन हाल ही में 'लीमा' में आयोजित किया गया। ग्रीन हाउस गैस का तीसरा सबसे बड़ा उत्सर्जक देश भारत भी 'लीमा' समझौते से सहमत दिखाई पड़ता है। यद्यपि बढ़ रहे कार्बन प्रदूषण में शुद्ध कटौती को लेकर प्रतिबद्धता जताने से भारत ने इनकार किया है। उसका कहना है कि सस्ते कोयला आधारित बिजली संयंत्रों के इस्तेमाल में कटौती नहीं होनी चाहिए, क्योंकि लाखों गरीब भारतीय अब भी बिजली के बिना रहते हैं, लेकिन उसने यह संकेत जरूर दिया है कि उत्सर्जन की अपनी दर को कम करने के लिए वह योजना बनाने का इरादा रखता है।

यद्यपि 'लीमा' समझौते के बाद सभी देशों के लिए यह जरूरी हो जाएगा कि उत्सर्जन को कम करने को लेकर वे योजना प्रस्तुत करें, पर उनकी अर्थव्यवस्था के आकार के मुताबिक योजनाओं का चरित्र अलग-अलग हो सकता है। अमेरिका जैसे विकसित देशों से यह उम्मीद की जा रही है कि वे ऐसी योजनाओं के साथ सामने आएंगे, जिनमें यह स्पष्ट होगा कि आखिर कैसे 2020 के बाद वे अपने उत्सर्जन का स्तर नीचे ले जाएंगे? विश्व की गरीब एवं अविकसित अर्थव्यवस्थाओं से ऐसी योजनाओं की उम्मीद की जा रही है, जिसमें उनके द्वारा यद्यपि प्रदूषण बढ़ाने की बात तो होगी, पर उसकी दर धीमी रहेगी।

'लीमा' वार्ता का स्वागत करने के बाद भी वैज्ञानिकों और जलवायु नीति के विशेषज्ञों ने चेतावनी दी है कि यह कमोबेश मुश्किल ही है कि वैश्विक तापमान को अब 3.6 डिग्री फॉरेनहाइट बढ़ने से रोका जा सके। वैज्ञानिक शोधों के अनुसार, यह खतरनाक स्थिति होगी, जब विश्व आसन्न सूखा, खाद्यान्न और स्वच्छ जल की कमी, बर्फ की चादर के पिघलने, ग्लेशियरों के सिकुड़ने, समुद्र जल स्तर बढ़ने और व्यापक बाढ़ जैसी विकराल प्राकृतिक आपदाओं का सामना

करने को विवश होगा। इससे न सिर्फ विशाल मानव जनसंख्या प्रभावित होगी, वरन अर्थव्यवस्था को भी भयंकर क्षति पहुंचेगी। यद्यपि विश्व 3.6 डिग्री की सीमा तक पहुंच रहा है, परंतु वैज्ञानिकों का कहना है कि इसे रोकने के लिए संयुक्त राष्ट्र के वार्ताकारों को महज सदस्य देशों के प्रयासों तक ही खुद को नहीं समेटना चाहिए। इसमें संदेह है कि वैश्विक तापमान में सीमा से अधिक होने वाली वृद्धि को रोका जा सकता है। वैश्विक पर्यावरण व पारिस्थितिकीय तंत्र में बड़े पैमाने पर बदलाव पहले से ही जारी हैं।

वर्ष 1992 के बाद से ही संयुक्त राष्ट्र निरंतर जलवायु परिवर्तन पर प्रतिवर्ष अंतर्राष्ट्रीय सम्मेलन आयोजित करता आ रहा है, जिसका उद्देश्य ग्रीन हाउस गैस के उत्सर्जन में कटौती को लेकर सहमति बनाना है। ये ग्रीन हाउस गैस अधिकतर बिजली के लिए कोयला जलाने और यातायात के लिए पेट्रोल के उपयोग से पैदा होती हैं। पूर्व के समझौते, जिसमें 1997 में हुआ 'क्योटो प्रोटोकॉल' भी शामिल है, जिसके अंतर्गत भारत और चीन, जैसे विकासशील देश उत्सर्जन में कटौती के लिए बाध्य नहीं हैं। अब तक अमेरिका भी घरेलू जलवायु परिवर्तन नीतियों के साथ इन वैश्विक सम्मेलनों को लेकर आगे नहीं बढ़ा है। इसमें कोई संदेह नहीं कि यदि अमेरिका इस दिशा में पहल करता है, तो सकारात्मक नतीजे आ सकते हैं, जैसा कि हाल ही में चीन को साथ लेने से इस मुद्दे पर अंतर्राष्ट्रीय सहमति का भाव बढ़ा है।

13 संघीय एजेंसियों की एक साझा रिपोर्ट में बताया गया था कि जलवायु परिवर्तन अमेरिका में खाद्यान्न की दरों, बीमा दरों और वित्तीय अस्थिरता को बढ़ाकर देश की अर्थव्यवस्था को नुकसान पहुंचा सकता है। इसके बाद ओबामा ने पर्यावरण संरक्षण संबंधी एक नए नियम की घोषणा की, जिसमें कोयला से बिजली उत्पादन करने वाले विद्युत संयंत्रों से उत्सर्जित कार्बन में बड़ी कटौती की शर्त रखी गई। अमेरिका चाहता है कि चीन भी अपने यहां ऐसी ही कुछ व्यवस्था करे। इसी उम्मीद के साथ अमेरिकी विदेश विभाग के वार्ताकारों ने चीन के साथ वार्ता शुरू की, जिसका एक बेहतर परिणाम नवंबर में चीन में दोनों देशों के मध्य कार्बन कटौती संबंधी घोषणा के रूप में सामने आया है। इस समझौते के अनुसार, वर्ष 2025 तक अमेरिका कार्बन उत्सर्जन में जहां 28 प्रतिशत तक कटौती करेगा, वहीं चीन 2030 तक या उससे पहले अपने यहां होने वाले कार्बन उत्सर्जन में कटौती करेगा।

निश्चित रूप से जलवायु परिवर्तन आज की सर्वाधिक गंभीर वैश्विक समस्या बन गई है। जलवायु परिवर्तन के मुद्दे पर भारत ने अपना नजरिया स्पष्ट कर दिया है। भारतीय प्रधानमंत्री ने जलवायु परिवर्तन के मुद्दे पर वैश्विक नजरिया बदलने का आह्वान किया है। प्रधानमंत्री के अनुसार, विश्व को 'कार्बन क्रेडिट' की सोच छोड़कर 'ग्रीन क्रेडिट' की सोच को तत्काल अपनाना होगा। भारतीय प्रधानमंत्री ने सौर ऊर्जा की अपार संभावनाओं वाले देशों का एक 'कंसोर्टियम' (संघ) बनाने की आवश्यकता पर बल दिया है। भारत में आर्किटेक्ट और सिविल इंजीनियरिंग कॉलेजों के पाठ्यक्रम में बदलाव कर उसमें ऊर्जा संरक्षण को व्यापक रूप में समाहित किए जाने की आवश्यकता है। कार्बन उत्सर्जन में कटौती के साथ ही ऊर्जा संरक्षण पर भी ध्यान केंद्रित किया जाना चाहिए। इन उपायों में सौर ऊर्जा, पवन ऊर्जा और बॉयोमास ऊर्जा में निवेश के लिए किए गए उपाय भी शामिल हैं। ऐसा होने पर सौर ऊर्जा की लागत कम होगी और इसे अधिक से अधिक लोगों तक पहुंचाया जा सकेगा।

❍❍

7. प्लास्टिक कचरा : देश के लिए खतरा

भारत में प्रत्येक दिन 9205 टन प्लास्टिक का कचरा जमा होता है और रि-साइकल किया जाता है। वहीं पर 6137 टन ऐसा प्लास्टिक कचरा होता है, जो हमारी धरती, नदी, नालों और पर्वतों पर ही पड़ा रह जाता है। प्लास्टिक के इस कचरे के लिए प्रमुख उत्तरदायी चार बड़े महानगर- दिल्ली (689.5 टन प्रतिदिन), चेन्नई (429.4 टन), कोलकाता (425.7 टन) और मुंबई (408.3 टन) हैं। सम्पूर्ण भारत देश हर वर्ष 56 लाख टन प्लास्टिक का कचरा पैदा करने की शर्मनाक क्षमता रखता है और इसमें से लगभग आधा प्लास्टिक का कूड़ा ठीक से इकट्ठा भी नहीं हो पाता है। इसके परिणामस्वरूप हमारी नदियां, पर्यावरण और पारिस्थितिकीय तंत्र दिनोंदिन गंभीर रूप से विषाक्त होते जा रहे हैं। वास्तव में प्लास्टिक कचरे से अकेला भारत ही पीड़ित नहीं है, वरन यह एक वैश्विक समस्या है। 'संयुक्त राष्ट्र' के आंकड़े इसकी विभिषिका को बयान करते हैं। आज संपूर्ण विश्व प्रतिवर्ष 10 खरब प्लास्टिक बैग इस्तेमाल कर बाहर फेंक देता है। इसका अर्थ हुआ 10 लाख प्लास्टिक बैग प्रत्येक मिनट प्रयोग कर कचरे के रूप में फेंक दिए जाते हैं। स्पष्ट है कि इसका अधिकांश हिस्सा न तो रि-साइकल ही होता है और न ही किसी अन्य रूप में इकठ्ठा कर प्रयोग ही किया जा सकता है।

प्रश्न यह है कि अब इस कचरे का वह भाग जो जमा नहीं होता, अंततः कहां जाता है? यह कचरा हमारी धरती में धंस रहा है, जहां यह सैकड़ों वर्षों तक बिना नष्ट हुए पड़ा रहेगा और इस धरती पर पनप रहे अमूल्य एवं दुर्लभ पशु-पक्षियों, मनुष्यों और वनस्पतियों का गला घोंटता रहेगा। इसका अधिकतर भाग नदी-नालों से होता हुआ हमारे महासागरों में चला जाता है। वास्तव में यह सब पिछले कई दशकों से हो रहा है और यह सारा कचरा महासागरों के 'गायरों' में जाकर जमा होता जा रहा है। महासागरों की स्थिति भी इस प्रदूषण के चलते

बहुत विस्फोटक और विनाशकारी होती जा रही है। संभवतः अधिकांश वैश्विक जगत और आधुनिक मानव समाज को यह एहसास ही नहीं है कि यह संपूर्ण सभ्यता ही पर्यावरण प्रदूषण रूपी ज्वालामुखी के मुहाने पर बैठी हुई है।

'गायर' हवा और पानी से बने ऐसे प्राकृतिक भंवर हैं, जो उत्तरी गोलार्द्ध में घड़ी की सुइयों की दिशा में घूमते हैं और दक्षिण गोलार्द्ध में इससे विपरीत दिशा में। इन भंवरों की गति अपने मध्य में धीमी हो जाती है और यही वह स्थान है, जहां हमारा सारा प्लास्टिक एकत्र हो रहा है। हमारे वैश्विक महासागरों में कुल पांच गायर हैं। और इनमें सबसे बड़ा है–'ग्रेट पैसिफिक' कचरा क्षेत्र। इस गायर का क्षेत्र कुल 14 लाख किलोमीटर है और यह संपूर्ण विश्व द्वारा फेंके गए प्लास्टिक कचरे के एकत्रीकरण का सबसे बड़ा केंद्र है। आज हमारे महासागरों में कुल 50 लाख वर्ग मील की सतह पर प्लास्टिक का कचरा तैर रहा है। यह एक विस्फोटक स्थिति है, जो निरंतर बदतर होती जा रही है।

वास्तव में प्लास्टिक कचरा बेहद जटिल होता है और यह कभी भी नष्ट नहीं होता। इस विनष्ट न होने वाले घातक कचरे के कारण लगभग एक लाख से अधिक दुर्लभ समुद्री प्राणी प्रतिवर्ष मारे जाते हैं और कुल 10 लाख से अधिक समुद्री पक्षी अपनी जान गंवा देते हैं। हमारे महासागरों में प्रत्येक वर्ग मील में कुल 46 हजार से अधिक प्लास्टिक बैग हर समय तैर रहे होते हैं। जिस प्लास्टिक के कचरे को रि–सायकल किया जाता है उसमें हजारों रुपये प्रति टन का खर्च आता है, जो उसकी वास्तविक कीमत से बहुत ज्यादा है। इसलिए जो कचरा रि–सायकल होता भी है, उसका कोई बड़ा लाभ पर्यावरण को प्राप्त नहीं होता है। यह गायर मात्र हमारे महासागरों में ही नहीं, बल्कि हमारे शरीर में भी प्रवेश कर चुके हैं। 'अमेरिकी फेडरल प्रशासन' के अध्ययन के अनुसार बिसफेनोल, जिससे प्लास्टिक बनता है, प्रत्येक बच्चे, युवा और वृद्ध के शरीर में पाया जाता है।

आज हमारे फल, सब्जियां ,बच्चों के दूध पीने की बोतलें, पानी की बोतलें, कोल्ड ड्रिंक्स की बोतलें और अन्य खाद्य पदार्थ पूरी तरह प्लास्टिक पर निर्भर हैं। समय के साथ–साथ इन प्लास्टिक की वस्तुओं से बिसफेनोल रिसने लगता है और इन पदार्थों में मिलकर हमारे शरीरों में पहुंच जाता है। प्लास्टिक की हमारे शरीरों में होने वाली उपस्थिति कई पीढ़ियों तक अपना कुप्रभाव फैलाने में सक्षम है। प्लास्टिक कचरा आज विश्व के समक्ष परमाणु अस्त्रों के प्रयोग से भी कहीं अधिक बड़ा खतरा है। यह एक विकट समस्या है। हममें से प्रत्येक को यह

उत्तरदायित्व निभाना होगा कि जहां तक हो सके प्लास्टिक का उपयोग न करें, प्लास्टिक का कचरा न फैलाएं और न ही फैलाने दें।

पर्यावरण के लिए बेहद नुकसानदेह प्लास्टिक थैलियों पर रोक लगाने के लिए कानून तो पहले भी बनाए गए हैं, लेकिन इस पर अमल नहीं हो पा रहा है। इस मामले में केंद्र के साथ-साथ राज्य सरकारें भी अभी तक असफल ही रही हैं। अब केंद्र सरकार ने बेहद पतली (40 माइक्रोन से कम मोटाई वाली) प्लास्टिक थैली बनाने वालों के खिलाफ सख्त कार्रवाई का फैसला किया है। इसके तहत निगरानी तंत्र बनाने के साथ ही जुर्माने की राशि को मौजूदा एक लाख रुपये से बढ़ाकर 10 लाख रुपये करने पर विचार हो रहा है।

आज भी देश में 40 माइक्रोन ही नहीं, बल्कि 10 व 20 माइक्रोन की प्लास्टिक थैली धड़ल्ले से मिल रही है। ऐसे में सरकार को कानून को तोड़ने वालों के खिलाफ कठोरतम कार्रवाई करनी चाहिए। जुर्माना एवं कारावास की सजा को बढ़ाने के साथ ही प्लास्टिक थैलियों के खिलाफ व्यापक अभियान चलाने की भी तैयारी है। सरकार अभियान में ग्राम पंचायतों को भी जोड़ने पर विचार कर रही है। साथ ही देशभर में एक निगरानी तंत्र भी स्थापित करने का प्रस्ताव मिला है, जिस पर सरकार विचार कर रही है। यह तंत्र प्लास्टिक थैलियों के इस्तेमाल के खिलाफ व्यापक अभियान चला सकता है। यदि देश को प्लास्टिक कचरे के घातक दुष्परिणामों से बचाना है, तो इस संदर्भ में ठोस कानूनों और उनके सख्त क्रियान्वयन की आवश्यकता होगी। एक ढुलमुल और कामचलाऊ रवैये से देश में पर्यावरण का संरक्षण नहीं किया जा सकता। 120 करोड़ नागरिकों वाला विशाल देश अनियंत्रित, गैर जिम्मेदार और अदूरदर्शी ढंग से नहीं चल सकता। प्रत्येक नागरिक को प्लास्टिक के दुरुपयोग से होने वाले खतरों से आगाह किया जाना चाहिए। यह भी आवश्यक है कि प्लास्टिक के उत्पादों पर तत्काल प्रभाव से पूर्णतः प्रतिबंध लगा दिया जाए।

बढ़ती जनसंख्या और अनियोजित एवं अदूरदर्शी औद्योगिक विकास के चलते पूरा देश कचरे का ढेर बनता जा रहा है। कहीं कोई योजना नहीं है। देश के नागरिकों में न ही इस संदर्भ में आवश्यक जागरूकता ही है और न ही कोई सजग और सतर्क प्रशासनिक तंत्र। शहरों से प्रतिदिन निकलने वाला हजारों टन कचरा धरती के लिए खतरा बनता जा रहा है। सड़क किनारे सर्वत्र बिखरा कूड़ा पर्यावरण को नुकसान पहुंचा रहा है। इससे निकलने वाला धुआं न सिर्फ पर्यावरण, बल्कि

लोगों के लिए भी खतरनाक हो जाता है। कूड़े के जलने से निकलने वाली जहरीली गैस न सिर्फ कई प्रकार की बीमारियों का कारण बनती हैं, बल्कि पर्यावरण को भी भारी नुकसान पहुंचाती हैं। यह धुआं उन लोगों के लिए विशेष रूप से खतरनाक है, जो श्वांस रोगों से पीड़ित हैं।

सबसे खतरनाक स्थिति यह है कि जमीन पर पड़ा कूड़ा बरसात के पानी के साथ मिलकर भूजल तक उन खतरनाक रसायनों को पहुंचा रहा है, जो मानव जाति के लिए विनाशकारी सिद्ध हो सकते हैं। यह रसायन पानी में मिलने के बाद भूजल को भी जहरीला बनाते जा रहे हैं। भारत में आज ऐसा प्रतीत हो रहा है, मानो आकाश से लेकर पाताल तक सर्वत्र गंदगी का ही एकछत्र साम्राज्य है। गंदगी के इस 'आतंकवाद' से मुक्ति का कहीं कोई मार्ग दिखाई नहीं पड़ रहा है। वास्तव में जो मार्ग शेष है भी, उस पर अनुशासनपूर्वक चलने की समझ और सामर्थ्य देश में अभी दिखाई नहीं पड़ रही है।

ई-कचरा

कूड़े के जलने से निकलने वाले धुएं में कार्बन मोनो ऑक्साइड गैस भारी मात्रा में होती है। ये हवा की तुलना में भारी होती है। जमीन पर पड़े कूड़े के जलने के कारण इसके हानिकारक तत्व वातावरण में अधिक ऊंचाई पर नहीं जा पाते। यह हानिकारक तत्व सीधे सांस लेने के माध्यम से शरीर में प्रवेश कर जाते हैं और फेफड़ों के अंदर जम जाते हैं। कूड़े में गहराई तक मिल गए पॉलीथिन, कपड़े, प्लास्टिक व ई-कचरे के सामान के जलने से घातक रसायनों से युक्त धुआं पैदा होता है। इस धुएं से सल्फाइड व नाइट्रोजन की खतरनाक यौगिक गैस निकलती है। यह गैसें मानव स्वास्थ्य के लिए गंभीर खतरा सिद्ध होती हैं। यदि कूड़े में बॉयो वेस्ट हो, तो उसके जलने से उत्पन्न धुआं और भी अधिक विषैला होता है। बॉयो मेडिकल वेस्ट से उठने वाला धुआं मानव स्वास्थ्य के लिए जानलेवा तक हो सकता है।

सबसे खतरनाक कूड़ा तो बैटरियों, कम्प्यूटरों और मोबाइल का है। इसमें पारा, कोबाल्ट और न जाने कितने किस्म के जहरीले रसायन होते हैं। एक कम्प्यूटर का वजन लगभग 3.15 किग्रा होता है। इसमें 1.90 किग्रा लेड और 0.693 ग्राम पारा और 0.04936 ग्राम आर्सेनिक होता है। शेष हिस्सा प्लास्टिक

होता है। इसमें अधिकांश सामग्री गलती-सड़ती नहीं है और जमीन के संपर्क में आकर मिट्टी की गुणवत्ता को प्रभावित करने और भूगर्भ जल को जहरीला बनाने का काम करती है। कुछ ऐसा ही जहर बैटरियों व बेकार मोबाइलों से भी उपज रहा है।

इलेक्ट्रॉनिक कचरे के निदान से संबंधित भारत की संरचना और नियोजन अभी तक कोई निश्चित आकार नहीं ले सका है। अमेरिका जैसे विकसित देश पहले से ही वातावरण में मौजूद कचरे में और बढ़ोत्तरी कर रहे हैं। एक रिपोर्ट के अनुसार, कंप्यूटर मॉडल 486, 386, 286 जैसे लगभग 20 लाख से अधिक बेकार पर्सनल कम्प्यूटर भारत में अवशिष्ट पदार्थ के रूप में कचरे में फेंक दिए गए। अकेले बेंगलूरू महानगर में पांच लाख से अधिक पर्सनल कम्प्यूटर कचरे के रूप में फेंके गए हैं। इलेक्ट्रॉनिक कचरा, मिट्टी और जलाशयों तथा विशेषकर भूजल पर बहुत अधिक विपरीत प्रभाव डालता है।

इलेक्ट्रॉनिक कचरे को सक्षमता से निपटाने की जरूरत है, क्योंकि उससे सेहत को खतरा हो सकता है। पर्सनल कम्प्यूटर में इस्तेमाल होने वाला सीसा, सिलिकोन, कैडमियम और पारा जैसी भारी धातुएं एक अध्ययन के अनुसार कैंसर की जनक हैं। चिकित्सकों का कहना है कि ये धातुएं स्नायु तंत्र में विकार पैदा कर सकती है और जिगर, गुर्दे और फेफड़ों को भी इनसे गंभीर नुकसान हो सकता है। भारत में पर्यावरण संबंधी कानून बना तो दिए गए हैं, लेकिन उसके प्रति किसी भी प्रकार की जागरूकता और संवेदनशीलता का नितांत अभाव है। कठोरतापूर्वक इन कानूनों का अनुपालन भी देश में नहीं कराया जा पा रहा है। ई-कचरे जैसी आधुनिक समस्याओं के संदर्भ में भारत में सोचा-समझा ही नहीं गया है। इस संदर्भ में इलेक्ट्रॉनिक कचरे से निपटने के लिए अभी देश में कोई विशिष्ट कानून अथवा विधान नहीं बनाए गए हैं। उससे भी बुरी स्थिति यह है कि भारत में 10 वर्ष से कम पुराने पर्सनल कम्प्यूटर आयात करने की छूट है।

आधुनिक तकनीकी युग में बढ़ता हुआ ई-कचरा भारत जैसे विकासशील देश के लिए एक बहुत घातक समस्या बनकर उभरा है। वास्तव में इस दिशा में अब तक गंभीरतापूर्वक कोई योजना नहीं बनाई गई है। अभी तक विशेषज्ञ ई-कचरे से संबंधित समस्या का तथा इससे होने वाली पर्यावरण क्षति का सही-सही आंकलन नहीं कर सके हैं। स्पष्ट है कि बिना पर्याप्त तथ्यों, शोध एवं अनुसंधान के इस समस्या के संदर्भ में कोई दूरगामी एवं दूरदर्शितापूर्ण योजना या कानून बनाया जाना

संभव नहीं हो पाएगा। सरकार के लिए यह आवश्यक है कि इस गंभीर समस्या के निदान के लिए शीघ्र ही विशेषज्ञों की सहायता से वह एक ठोस कार्ययोजना देश के समक्ष प्रस्तुत करे। यह समस्या बेहद गंभीर है और इसके निराकरण को अब और अधिक टाला नहीं जा सकता।

विलुप्त होतीं प्रजातियां

पर्यावरण प्रदूषण और विनाशकारी कचरे की वजह से विभिन्न प्रकार की प्रजातियां और वन्य जीव तेजी से विलुप्त होते जा रहे हैं। जैव विविधता पर इसका बहुत अधिक दुष्प्रभाव पड़ा है। एक आंकड़े के अनुसार, 1970 से 2010 के बीच के वर्षों में जैव विविधता समयानुकूल 52 प्रतिशत कम हुई है। इन वर्षों में स्थानीय प्रजातियों में 39 प्रतिशत की कमी हुई है। इंसानों द्वारा कृषि व अन्य कार्यों में इस्तेमाल के चलते इन स्थानीय प्रजातियों के लिए आवासीय संकट पैदा हो गया है। शहरी विकास, ऊर्जा उत्पादन, शिकार और प्रदूषण की वजह से स्थानीय प्रजातियां तेजी से नष्ट हो रही हैं।

इस मानव सभ्यता और संपूर्ण पर्यावरण विन्यास की जंगल, जानवर, जमीन और जल के बिना कल्पना भी संभव नहीं है। पर्यावरण असंतुलन के कारण आजकल सबसे बड़ा खतरा बेजुबान वन्य जीवों के अस्तित्व पर है। बात चाहे जंगल के अनियंत्रित दोहन की हो, उसके कारण सूखते जल स्रोतों की हो या सीमित होते वन क्षेत्रों की, उसका सबसे अधिक दुष्प्रभाव उन जानवरों पर पड़ता है, जो अपनी पीड़ा किसी से नहीं कह पाते। यदि मनुष्य स्वयं को इस ब्रह्मांड का सर्वाधिक योग्य और समझदार प्राणी मानता है, तो निश्चय ही उसे इस प्रकार का परिपवक्त एवं जिम्मेदारीपूर्ण आचरण भी अपने व्यवहार में प्रदर्शित करना चाहिए। वन्य जीवों की चिंता न सही, कम से कम मानव सभ्यता की रक्षा के लिए तो मनुष्य को पर्यावरण और वन्यजीवों के संरक्षण पर ध्यान देना ही चाहिए।

वन्य प्राणियों के बिना संसार की कल्पना भी नहीं की जा सकती। धरती पर जो भी जीव मौजूद हैं, उनकी भूमिका परिस्थितिक तंत्र में बेहद अहम है और परिस्थितिकी चक्र के सभी प्राणी एक खाद्य श्रृंखला के रूप में परस्पर बंधे हुए हैं। यदि श्रृंखला की एक भी कड़ी में दिक्कत पैदा होगी, तो उसका असर पूरी श्रृंखला की सभी कड़ियों पर समान रूप से पड़ेगा। यह सही है कि देश को विकास चाहिए

और विकास की हर गाथा कुछ न कुछ कीमत जरूर मांगती है, लेकिन यह कीमत संतुलित और तर्कसंगत हो, ऐसा प्रयास करना भी नागरिकों का ही दायित्व क्षेत्र है।

आज देश में करीब 50 प्रतिशत सड़कें वन क्षेत्रों में बन रही हैं। इन वन क्षेत्रों में राष्ट्रीय पार्क, वाइल्ड लाइफ सेंचुरी हैं और विस्तृत रूप में अन्य आरक्षित वन भी शामिल हैं। गौर करने वाली बात यह है कि देश में अधिकतर विकास कार्य वन्य प्राणियों की सुविधा और उनके अनुकूलन को देखते हुए नहीं किए जा रहे हैं। आज बाघ, गुलदार, हाथी या अन्य किसी जानवर के ट्रेन या वाहनों के चपेट में आने पर हो-हल्ला तो होता है, मगर हादसे के पीछे की असल वजह को जानने व उसके समाधान के प्रयास कम ही हो पाते हैं। यह भी कम चिंताजनक नहीं है कि हमारी सरकारी संस्थाओं और विभिन्न प्रशासनिक विभागों का आपस में समन्वय न के बराबर है। कोई विभाग पानी पर काम कर रहा है, कोई जंगल पर, तो कोई प्रदूषण नियंत्रण पर। सभी का मकसद जीवन की सुरक्षा व उसे उन्नत बनाना है। गौर करने वाली बात यह है कि जब तमाम प्राकृतिक संसाधनों का आपस में अटूट संबंध है, तो क्यों संबंधित विभाग आपस में समन्वयन बनाकर काम नहीं कर सकते? इस संदर्भ में बेहतर समन्वय और सक्षम प्रशासनिक दृष्टिकोण की आवश्यकता है।

सरकार को किसी वन क्षेत्र के आसपास बन रही परियोजनाओं में ऐसे विशेषज्ञ संस्थानों की मदद लेनी चाहिए, जो वन्यजीवों के संरक्षण के लिए कार्य करते हों। कुछ समय पहले भारतीय प्रधानमंत्री नरेंद्र मोदी ने कहा था कि देश को विकास चाहिए, लेकिन पर्यावरण की कीमत पर नहीं। उनकी इस संदेश के पीछे भी यही मकसद स्पष्ट होता है कि विकास ऐसा हो, जो पर्यावरण को नुकसान न पहुंचाए। हमारे वैज्ञानिकों ने ऐसे अनेक शोध कार्यों को अंजाम दिया है, जिनकी संस्तुतियों को अमल में लाकर विकास और विनाश के बीच संतुलन बनाया जा सकता है।

सरकारी स्तर पर वन्य जीवों की सुरक्षा के लिए बड़ी-बड़ी योजनाएं बनीं हैं, लेकिन यह तमाम योजनाएं वास्तव में तभी सार्थक हो पाएंगी, जब आम आदमी का सहयोग भी सरकार को मिलेगा। हर व्यक्ति को यह समझना होगा कि वन्य जीव भले ही उनसे दूर रहते हों, लेकिन मानव जीवन के लिए उनका जीवित और सुरक्षित रहना बेहद जरूरी है। देश में बेशक कोई भी नागरिक वन क्षेत्रों की सैर कर सकता है, पर साथ ही उसका यह भी दायित्व है कि वह वन्य जीवों के स्वतंत्र

विचरण और उनके जीवन में बाधक न बने। यथासंभव ढंग से वन क्षेत्रों और वन्य जीवों के कॉरिडोर (गलियारों) को वन्य जीवों के लिए ही स्वतंत्र रखे जाने का प्रयास करना चाहिए। इन वन्यजीव क्षेत्रों में किसी भी प्रकार का अतिक्रमण नहीं होने देना चाहिए। लोग वन्य जीवों को यदि प्रकृति के संरक्षक के रूप में स्वीकार करेंगे, तो मानव सभ्यता की सुरक्षा की गारंटी भी सुनिश्चित हो जाएगी।

प्रकृति है अनुपम उपहार : मिलकर इस पर करें विचार

मनुष्य अपने आनंद, विलासिता और शौक के लिए कई ऐसे तरीके अपनाता रहा है, जिसके चलते कई किस्म की पर्यावरणीय समस्याएं उत्पन्न हो गई हैं। विलासितापूर्ण रहन-सहन, शिकार, पर्यटन और तरह-तरह के एडवेंचर खेलों के कारण वन्य जीवन संकट में घिर गया है। शिकार और प्राकृतिक आवास-स्थलों में अतिक्रमण से भी वन्यजीवन प्रभावित होता है। फोटोग्राफी भी इनके लिए हानिकारक होती है। बड़े जंतुओं और पक्षियों पर प्रभाव तो स्पष्ट दिखाई देता है, मगर सरीसृपों, कीटों और अन्य किस्म के जंतुओं पर पड़ने वाले प्रभावों की जांच के लिए इस क्षेत्र में और अधिक शोध एवं अध्ययन की आवश्यकता है।

पारिस्थितिकीय संतुलन के लिए जंतु महत्वपूर्ण होते हैं। पारिस्थितिकीय असंतुलन से वन्य जीवन की गुणवत्ता भी प्रभावित होती है। यह देखने में आया है कि अभयारण्यों, राष्ट्रीय उद्यानों और वन्य जीव-विहारों में निरंतर भारी संख्या में आने वाले पर्यटकों के नियमित संपर्क में आने से अनेक उग्र जंतुओं ने अपना प्रकृति प्रदत्त स्वाभाविक उग्र-स्वभाव छोड़ दिया है। इन जीवों का व्यवहार तेजी से बदला है। उदाहरण के लिए लोग उनकी तरफ खाने की चीजें, चाकलेट आदि फेंकते हैं। इस प्रकार की आदतों ने भालू और वानरों जैसे वन्य जंतुओं को कोमल स्वभाव का बना डाला है तथा वे दर्शकों से और अधिक खाद्य वस्तुएं पाने के लिए लालायित रहते हैं। इससे उनके व्यवहार में अस्वाभाविक बदलाव आता है।

पर्यटन से जुड़ी हुई कई समस्याएं पारिस्थितिकीय असंतुलन पैदा करती हैं। यह स्वाभाविक है कि पर्यटक जिस जगह जाते हैं, वे वहां से कुछ स्मृति चिन्ह बटोर लाते हैं। यह भी एक चिंताजनक विषय है और इससे वन्य जीवों के लिए समस्या उत्पन्न हो गई है। खासकर जब स्मृति चिन्ह वन्य जीवों से तैयार किए जा रहे हैं। इस उद्देश्य के लिए वन्य जंतुओं को पकड़ा और मार दिया जाता है

या उनका शिकार किया जाता है। संपूर्ण विश्व में दुर्लभ वन्य जीवों का शिकार कर उनसे तैयार किए जा रहे उत्पादों का बहुत बड़ा बाजार तैयार हो गया है। इस प्रकार के उत्पादों पर तत्काल प्रभाव से प्रतिबंध लगाए जाने चाहिए।

मानवता की संभावना : प्रकृति की उपासना

भारत में कृषि क्षेत्र में कीटनाशकों के बढ़ते प्रयोग के कारण नवीन प्रकार की स्वास्थ्य समस्याएं उत्पन्न हो रही हैं। कृषि उत्पादन बढ़ाने के लिए बड़े पैमाने पर जिन रासायनिक कीटनाशकों का प्रयोग हो रहा है, उसके दूरगामी दुष्प्रभाव सामने आ सकते हैं। विशेषज्ञों के अनुसार रासायनिक कीटनाशकों का दुष्प्रभाव खाद्य पदार्थों के सेवन के कुछ दशकों बाद भी प्रकट हो सकता है। रासायनिक कीटनाशक मानव स्वास्थ्य के लिए भविष्य में एक बड़ी चुनौती सिद्ध हो सकते हैं। विशेषज्ञों की राय है कि देश में 'जीएम'(जेनेटिकली मोडीफाइड) खाद्यान्नों को सुरक्षा प्रमाणपत्र देने में अतिरिक्त जल्दबाजी नहीं की जानी चाहिए। वैसे भी अभी तक ऐसा कोई वैज्ञानिक प्रमाण उपलब्ध नहीं है, जो यह सुनिश्चित करता हो कि 'जीएम' खाद्यान्न स्वास्थ्य के लिए नुकसानदायक सिद्ध नहीं होंगे।

विभिन्न विकासात्मक गतिविधियां तेजी से प्रकृति, उसके सुव्यवस्थित संतुलन और लाखों वर्षों से स्थापित मानव-प्रकृति संबंध को बहुत तेजी से नष्ट करती जा रही हैं। ऐसा करके समाज आत्मविनाश की ओर बढ़ रहा है। प्रकृति क्षरण ने पिछले कुछ दशकों में अनियोजित विकास के चलते बहुत अधिक गति पकड़ ली है और हम सब तेजी से परिस्थितिकीय विनाश और सम्पूर्ण सर्वनाश की ओर बढ़ रहे हैं। वास्तव में संपूर्ण मानव सभ्यता तबाही के किनारे ही नहीं खड़ी है, वरन पूर्ण रूप से उसके घेरे में आ चुकी है। मनुष्य अपने अदूरदर्शी एवं विचारहीन कार्यों द्वारा तेजी से विश्व को कूड़े के ढेर में बदलता जा रहा है।

वर्तमान औद्योगिकीकरण तथा कृषि संबंधी अनियोजित कार्य अधिकांशतः पर्यावरण के प्रति नासमझी और अदूरदर्शिता का नतीजा है। दुर्भाग्य यह है कि इस ओर न तो आवश्यक चिंता ही दिखाई जा रही है और न ही कोई रणनीतिक कदम ही उठाए जा रहे हैं। आधुनिक युग में मनुष्य ने प्रकृति को बड़ी बेरहमी से लूटा है और पृथ्वी को प्रायः उजाड़ सा बनाकर रख दिया है। आज मनुष्य पृथ्वी को दूर-दूर तक फैले हुए हरे-भरे सघन वनों के आवरण से वंचित किए दे रहा है।

वास्तव में यह जघन्य अपराध है। स्मरण रहे कि ये वन ही मनुष्य और सारे जीवों का भरण-पोषण करते हैं और उन्हें जीवनदायिनी ऑक्सीजन देते हैं।

पारिस्थितिकीय स्थिति आज बहुत नाजुक हो चुकी है। इतनी नाजुक कि शीघ्र ही हमने कोई कदम नहीं उठाया, तो यह स्थिति नियंत्रण से बाहर हो जाएगी और यह क्षतिपूर्ति अंसभव होगी। आज मनुष्य जीवन के हर क्षेत्र में अपनी अज्ञानता और अदूरदर्शिता के कारण प्रकृति प्रदत्त संतुलन को बिगाड़ रहा है। प्रकृति मातृवत वात्सल्य के कारण मनुष्य की अनेकानेक गलतियों को सर्वोच्च सीमा तक क्षमा करती रहती है, परंतु आर्थिक विकास के लोभ में अंधा हुआ मनुष्य अपनी सभी सीमाएं लांघता जा रहा है। निश्चय ही इसके परिणाम घातक होंगे। मनुष्य परिस्थितिकी तंत्र का सर्वनाश करके आत्म-विनाश की परिस्थितियां स्वयं पैदा कर रहा है।

धीरे-धीरे हालात बिगड़ते ही जा रहे हैं और पर्यावरण की स्थिति नाजुक होती जा रही है। देश के पर्यावरण को यदि बचाने और उसे स्वच्छ रखने का प्रयास शीघ्र नहीं किया गया, तो भारी प्राकृतिक आपदाओं की आहट सुनाई पड़ सकती है। एक अध्ययन के अनुसार, अगले पांच वर्षों में वाहनों का धुआं हवा में पांच गुना अतिरिक्त गंदगी घोल देगा। इसका सीधा असर हमारी सेहत पर पड़ेगा। इसका खुलासा 'द एनर्जी एंड रिसोर्स इंस्टीट्यूट' (टेरी) की रिपोर्ट में हुआ है। यह रिपोर्ट बताती है कि यदि वाहन इसी रफ्तार से वायु प्रदूषण उत्पन्न करते रहेंगे, तो आगामी पांच वर्ष बाद वर्ष 2020 तक हवा में 'पीएम' मात्रा 2.5 तीन गुना तब बढ़ जाएगी। वहीं नाइट्रोन के ऑक्साइड में पांच गुना इजाफा होगा। आंकड़े बताते हैं कि 1991 में भारत में दो करोड़ वाहन थे, वहीं 2011 में इनकी संख्या 14 करोड़ पहुंच गई, जबकि 2030 तक देश में 40 करोड़ से ज्यादा वाहन होगें। लिहाजा इसी अनुपात में वायु प्रदूषण की मात्रा भी बढ़ेगी।

भारत में पर्यावरण को बचाने के लिए बहुत बड़े स्तर पर योजना बनानी होगी। कैलिफोर्निया की तरह भारत में भी ईंधन में सल्फर की मात्रा न्यूनतम करनी होगी। इसमें वाहनों के फिल्टर की क्षमता बढ़ेगी। इसका सीधा असर दूसरे प्रदूषकों की मात्रा पर भी पड़ेगा। भारत में सार्वजनिक परिवहन का एक मजबूत नेटवर्क विकसित किए जाने की तत्काल आवश्यकता है। सार्वजनिक परिवहन के बेहतर एवं सुव्यवस्थित जाल को बिछाए बिना सड़कों पर दौड़ रहे अनावश्यक निजी वाहनों की संख्या को कम नहीं किया जा सकेगा।

8. भीड़ से जूझते शहर

आर्थिक सुधारों को लागू किए जाने के बाद भारत में विगत दो दशकों में हुआ भीषण शहरीकरण चकित करने वाला है। भारत में शहरीकरण की प्रक्रिया बहुत तेज गति से निरंतर जारी है। शहरों की सीमाएं तीव्र गति से बढ़ती ही जा रही हैं। महानगरों ने बीसियों किलोमीटर तक फैले गांवों को निगल लिया है। स्वयं भारतीय गांव भी शहरों में परिवर्तित होने के लिए छटपटा रहे हैं। वास्तव में बढ़ता शहरीकरण आज एक वैश्विक सत्य है। 'संयुक्त राष्ट्र' के एक वैश्विक अध्ययन के अनुसार, वर्ष 2050 तक दुनिया की 70 प्रतिशत जनसंख्या शहरों में रहने लगेगी। फिलहाल ये आंकड़ा 50 प्रतिशत है। 'मैकिन्जी ग्लोबल' के अनुसार, वर्ष 2030 तक भारत की 59 करोड़ जनसंख्या शहरों में रहने लगेगी, जबकि 2011 की जनगणना तक भारत की शहरी जनसंख्या 37.7 करोड़ आंकी गई थी। दूसरे शब्दों में, भारत में आगामी 16 वर्षों में 22 करोड़ अतिरिक्त जनसंख्या शहरों में रहने लगेगी। यह 59 करोड़ शहरी जनसंख्या पूरे अमेरिका की वर्तमान जनसंख्या का दोगुना है।

आने वाले दिनों में भारत में नए रोजगार के 70 प्रतिशत अवसर शहरों में पैदा होंगे। वर्ष 2030 तक यहां 10 लाख से ज्यादा जनसंख्या वाले शहरों की संख्या 68 होगी, जो कि वर्तमान में 42 है। पूरे यूरोप में अभी ऐसे सिर्फ 35 शहर हैं। इतना ही नहीं, इस शहरी जनसंख्या की जरूरतों को पूरा करने के लिए करीब 12 ट्रिलियन डॉलर के निवेश की जरूरत पड़ेगी। अनुमान है कि वर्ष 2025 तक विश्व में कुल 27 मेगासिटी (एक करोड़ से ज्यादा जनसंख्या वाले शहर) होंगे, जिसमें अकेले 16 सिर्फ एशिया में होंगे। इनके एक चौथाई करीब चार सिर्फ भारत में होंगे। स्पष्ट है कि भविष्य में संतुलित एवं सुव्यवस्थित शहरीकरण भारी आर्थिक संसाधनों की मांग करेगा।

विशाल जनसंख्या को शहरों में व्यवस्थित ढंग से खपाने के लिए एक उच्चस्तरीय नियोजन तंत्र और उन्नत सुख-सुविधाओं को उपलब्ध कराना भारत जैसे देश के लिए एक विशाल चुनौती है। बढ़ते हुए शहर और निरंतर जारी जनसंख्या विस्फोट भारत में समस्त विकास प्रक्रियाओं के लिए एक चुनौती सिद्ध हुआ है। तदर्थवाद और ढुलमुल प्रशासनिक तंत्र इन चुनौतियों का सामना नहीं कर सकता। यदि हम विकसित देशों की भांति सुव्यवस्थित प्रशासनिक तंत्र और अनुशासित नीतियां नहीं अपना सके, तो भारत में शहरीकरण की प्रक्रिया बदहाली और अराजकता को बढ़ाने वाली एक अवांछित प्रक्रिया मात्र ही सिद्ध होगी।

ऐसे किसी शहरीकरण का कोई अर्थ नहीं होगा, जिसमें नागरिक शांतिपूर्ण एवं सुव्यस्थित ढंग से जीवन व्यतीत न कर सकें। एक अव्यवस्थित, अदूरदर्शी और अनियोजित शहरीकरण की प्रक्रिया ने भारत में पर्यावरण का बहुत अधिक विनाश किया है। पर्यावरण संरक्षण आज एक वैश्विक चिंता का विषय बना हुआ है। भारत जैसे विकासशील देश के लिए अपने पर्यावरण और पारिस्थितिकीय तंत्र को बचाए रखना बेहद आवश्यक है। दुर्भाग्यवश भारत में अब तक पर्यावरण शीर्ष प्राथमिकता का मुद्दा नहीं बन सका है। आम भारतीय नागरिकों में पर्यावरण के प्रति बेहद सतही और न के बराबर ही समझ होती है। यह स्थिति राष्ट्रहित में उचित नहीं कही जा सकती है और इसे तत्काल बदलना होगा। पर्यावरण और प्राकृतिक संसाधनों का अनियोजित एवं बिना विचारे किया जा रहा क्षरण भारत के लिए बहुत घातक सिद्ध हो रहा है। इसके दुष्परिणाम भी आने शुरू हो गए हैं। अगला एक दशक भारत के लिए बेहद महत्वपूर्ण है। इस अवधि में पुरानी गलतियों का प्रायश्चित करते हुए नए सिरे से अनुशासित नियोजन करना होगा। भारत को पर्यावरण संरक्षण की दिशा में 'अभी नहीं, तो कभी नहीं' की दृढ़ मानसिकता के साथ आगे बढ़ने की आवश्यकता है।

वर्तमान भारतीय शहर भयंकर गंदगी और सड़ांध के शिकार हैं। शहरों में सड़कों के इर्द-गिर्द और सार्वजनिक स्थानों पर सर्वत्र बेतरतीब कूड़ा फैला रहता है। सफाई के नाम पर बस इतना ही होता है कि इस कूड़े को उठाकर शहर से बाहर किसी गांव की जमीन पर पटक दिया जाता है। इससे दुर्गंध और भद्दापन हर तरफ दिखाई पड़ता है। मल-मूत्र का कचरा भी शहरों को भयंकर रूप से दूषित कर रहा है। शौचालयों से निकले इस कचरे को भूमिगत नालियों के रास्ते बाहर निकाल दिया जाता है तथा अनियोजित ढंग से इसे जल स्रोतों में ही उड़ेल

दिया जाता है। इस प्रकार भारतीय महानगरों में सीवेज को नदियों और तालाबों के जलस्रोतों से मिला दिया गया है। इससे भारत में शुद्ध पेयजल की आपूर्ति गंभीर रूप से संकटग्रस्त होती जा रही है।

आज पूरे देश के किसी भी कोने में भारतीय नागरिकों को प्रशासन एवं निकायों द्वारा शुद्ध पेयजल की आपूर्ति नहीं की जा पा रही है। अदूरदर्शिता एवं अज्ञानता के कारण प्रायः शहरों में रहने वाले सक्षम लोगों को ऐसा भी महसूस होता है कि नदियों और तालाबों की आवश्यकता उन्हें और शहरों को तो है नहीं, क्योंकि शहरों के पास दूर-दूर से पानी छीनकर लाने की शक्ति और व्यवस्था है। दिल्ली में पंजाब के भाखड़ा बांध से सतलुज नदी का पानी आता है। इसी प्रकार गंगा नदी का पानी भी शहरों तक आता है। रेणुका नदी पर हिमाचल में बांध बनाने की कवायद भी चल रही है।

यह एक तथ्य है कि दिल्ली में यमुना नदी को निचोड़कर सुखा दिया गया है। वास्तव में अब भारतीय राजधानी दिल्ली में अब यमुना नदी में स्वच्छ पानी बचा ही नहीं है। यमुना में मात्र शौचालयों से निकला मैला और नागरिकों का मल-मूत्र ही आज बह रहा है। पर्यावरण को नकार कर किया जा रहा शहरों का अस्त-व्यस्त एवं अदूरदर्शी विकास आज भारत का सच है और इससे संपूर्ण पारिस्थितिकीय तंत्र बुरी तरह छिन्न-भिन्न और तेजी से नष्ट होता जा रहा है। अनियोजित कूड़ा प्रबंधन के चलते आज अधिकांश भारतीय शहर दुर्व्यवस्था का अड्डा बने हुए हैं। अंतर्राष्ट्रीय स्तर पर हुए कई अध्ययनों और शोधों में भारतीय शहरों को 'जीने लायक' तक नहीं माना गया है। भारतीय शहरों के इस कड़वे सच के साथ किस प्रकार भारत वैश्विक शक्ति के रूप में स्थापित हो सकता है, यह गंभीर विचार का विषय है।

भारत में जल संसाधन

देश की जनसंख्या कुल वैश्विक जनसंख्या का 18 प्रतिशत से अधिक है, लेकिन इसके पास नवीकरणीय जल स्रोतों का केवल चार प्रतिशत हिस्सा है। ऐसे में इस दुर्लभ प्राकृतिक स्रोत की सामुदायिक हिस्सेदारी और वैकल्पिक व्यवस्था करने वाले सामुदायिक संगठनों तथा स्थानीय निकायों के मध्य उचित समन्वय किए जाने की आवश्यकता है। ग्राम पंचायत तथा नगरपालिका को जल के

आधारभूत ढांचे तथा सुविधाओं के प्रबंधन, रखरखाव और ऑपरेशन के स्तर पर जोड़ने की जरूरत है, ताकि भविष्य में इनका पूरी तरह से हस्तांतरण सामुदायिक संगठनों तथा स्थानीय निकायों को किया जा सके।

देश की राष्ट्रीय जल नीति में सामुदायिक संगठनों को निर्णय लेने और प्रोजेक्ट्स की योजना निर्माण की प्रक्रिया में शामिल करते हुए उनको वैधानिक शक्तियां प्रदान करने की वकालत की गई है। इसमें पानी के बिल के एक हिस्से को एकत्र करने के अधिकार समेत उसको रखने, आवंटित जल के प्रबंधन और वितरण प्रणाली के रख-रखाव का अधिकार शामिल है। इसके आलावा भूमिगत जल के घटते स्रोतों को बरकरार रखने के लिए जरूरी है कि मानसूनी बारिश के जल को संरक्षित किया जाए और उसे आवश्यकतानुसार पुनः उपयोग में लाया जाए। व्यावहारिक रूप से करीब 214 अरब घन मीटर (बीसीएम) भूजल का भंडारण किया जा सकता है। उसमें से 160 बीसीएम को दोबारा प्राप्त किया जा सकता है। जल संसाधन मानव जीवन के लिए महत्वपूर्ण है और इसके उचित प्रबंधन पर ही किसी राष्ट्र और मानव सभ्यता का भविष्य निर्भर करता है।

पर्यावरण प्रदूषण और निरंतर बढ़ता कचरा भारत में जल संसाधनों और विशेषतः भूजल के प्रदूषित होने का प्रमुख कारण बन गया है। देश में जल प्रदूषण भयंकर रूप से बढ़ता ही जा रहा है। देश के विभिन्न हिस्सों से दूषित पेयजल के कारण कैंसर और अन्य गंभीर बीमारियों के लक्षण सामने आ रहे हैं। देश के विभिन्न हिस्सों में दूषित पेयजल के मामलों का संज्ञान लेते हुए 'नेशनल ग्रीन ट्रिब्यूनल' (एनजीटी) ने केंद्र और संबंधित प्रदेशों की सरकारों को नोटिस जारी किया है।

'एनजीटी' ने पेयजल की समस्या पर नाराजगी जताते हुए कहा कि लोगों को पानी के लिए भी अदालत आना पड़ रहा है। यह संबंधित सरकारों की जिम्मेदारी बनती है कि वह लोगों को स्वच्छ और सुरक्षित पेयजल उपलब्ध कराए। वास्तव में ऐसे आर्थिक विकास को किसी भी प्रकार स्वीकृति प्रदान नहीं की जा सकती, जो मनुष्य की नितांत बुनियादी आवश्यकताओं यथा - जल, वायु तथा भोजन को भी स्वच्छ एवं शुद्ध शेष न रहने दे। मानव सभ्यता को विनाश की कगार पर लाकर खड़ा कर देने वाला यह कथित आर्थिक विकास संपूर्ण मानव जाति और पारिस्थितिकीय तंत्र के लिए बहुत महंगा साबित हो रहा है।

देश के विभिन्न क्षेत्रों में भूजल प्रदूषण के भयावह दुष्परिणाम अब सामने आने लगे हैं। राजधानी दिल्ली से सटे हुए क्षेत्रों में प्रदूषित भूजल के कारण कैंसर

के मामलों में हैरतंगेज ढंग से वृद्धि होती ही चली जा रही है। देश के विभिन्न राज्यों में स्थित कई गांवों में दर्जनों लोगों की अब तक कैंसर से मौत हो चुकी है। इन गांवों के पीड़ित ग्रामीण नागरिकों का कहना है कि दूषित पानी से लोगों में कैंसर फैल रहा है, जबकि सरकारी आंकड़े इससे इंकार कर रहे हैं। ग्रेटर नोएडा के बिसरख खंड में 70 गांव हैं। इनमें 10 गांवों में सबसे ज्यादा कैंसर पीड़ित हैं। सादोपुर गांव में अब तक 50 लोगों की कैंसर से मौत हो चुकी है। कुल मिलाकर 209 ग्रामीणों की पिछले पांच वर्षों में कैंसर से मौत हो चुकी है।

जिस बोतलबंद पानी को देश में बड़े पैमाने पर साफ और सेहतमंद मानकर प्रयोग किया जा रहा है, वह भी कई गंभीर स्वास्थ्य समस्याओं का कारण बन सकता है। पानी को साफ करने में प्रयोग किए जाने वाले खतरनाक रसायनों की मौजूदगी इस बोतलबंद पानी में बड़े पैमाने पर सामने आई है। विशेषज्ञ मानते हैं कि सामान्य से 27 गुना अधिक घातक रसायन मिलने से बोतलबंद पानी कैंसर का भी बड़ा कारण बन सकता है। इस संदर्भ में मुंबई स्थित भाभा शोध संस्थान में व्यापक जांच और अध्ययन किए गए हैं। इस परीक्षण में 35 विख्यात बोतलबंद पानी के ब्रांड्स को जांच के लिए शामिल किया गया था। निष्कर्ष से यह बात सामने आई है कि बोतलबंद पानी को साफ करने में कंपनियां घातक रसायनों का प्रयोग कर रही हैं। सच तो यह है कि नलों से निकलने वाला सामान्य पानी जांच में इस बोतलबंद पानी से कहीं अधिक बेहतर पाया गया है। क्लोराइड का 21 गुना अधिक प्रयोग होने की वजह से आंत, लीवर और किडनी को गंभीर नुकसान पहुंच सकता है, जिससे आंत में लंबे समय तक रहने वाले घाव बन जाते हैं और भूख लगनी कम हो जाती है।

बोतलबंद पानी में सामान्य से 24 गुना अधिक क्लोरेट पाया गया है। इससे शरीर के ऊतक यानी टिश्यू कठोर होने लगते हैं तथा आंतों के सिकुड़ने व फैलने की क्रिया में कमी आने लगती है। इस रसायन के दुष्प्रभाव से मस्तिष्क में खिंचाव उत्पन्न होने लगता है। एक अन्य खतरनाक रसायन ब्रोमेट बोतलबंद पानी में 27 गुना अधिक पाया गया है। इसके दुष्प्रभाव से शरीर की कोशिकाएं बुरी तरह प्रभावित होती हैं तथा शरीर का हार्मोनल तंत्र पूरी तरह से क्षतिग्रस्त हो जाता है। यही नहीं, इसके दुष्प्रभाव से शरीर के अंदर गांठ बननी भी शुरू हो जाती है। इस गंभीर समस्या के संदर्भ में वास्तविक परिदृश्य यह है कि आज तक देश में पानी की गुणवत्ता को जांचने के लिए किसी भी प्रकार के कोई मानक निर्धारित

नहीं है। भारत में औसतन तीन लीटर पानी से एक लीटर बोतलबंद पानी तैयार किया जाता है।

वर्ष 2013 में बोतलबंद पानी का देश में रुपये छह हजार करोड़ का अच्छा–खासा कारोबार रहा है। एक आंकलन के अनुसार, वर्ष 2020 तक इसका कारोबार बढ़कर 36 हजार करोड़ रुपये तक हो जाएगा। फिलहाल देश में बोतलबंद पानी के लगभग 2500 से भी अधिक ब्रांड मौजूद हैं, जिनमें से 80 प्रतिशत से अधिक लोकल ब्रांड हैं। देश में बोतलबंद पानी के 76 प्रतिशत कारोबार पर तीन बड़ी कंपनियों का कब्जा है। पर्यावरण की दृष्टि से यह भी उल्लेखनीय है कि पांच खाली बोतलों में से मात्र एक ही रि–साइकल हो पाती है और एक खाली बोतल को गलने में 700 साल का समय लग जाता है। यह आंकड़े स्वतः स्पष्ट कर रहे हैं कि मानव सभ्यता किस गंभीर विनाशकारी संकट की ओर तेजी से बढ़ रही है।

घरों से निकलने वाले गंदे पानी में फॉस्फोरस व नाइट्रोजन की भारी मात्रा नदियों के जल को तेजी से प्रदूषित कर रही है। जल में बढ़ते प्रदूषण से हर कोई चिंतित है। समस्या से निजात दिलाने के लिए 'भारतीय प्रौद्योगिकी संस्थान' (आईआईटी) भुवनेश्वर के छात्रों ने एक सराहनीय खोज की है। इसके अंतर्गत गंदे पानी से एकत्र की गई गंदगी का इस्तेमाल खेतों में खाद के रूप में किया जाएगा। छात्रों की खोज को विशेषज्ञों ने भी सराहा है। यदि इस खोज पर ठीक से काम हुआ, तो न सिर्फ नदियों में प्रदूषण की मात्रा काफी कम होगी, बल्कि खेतों की उर्वरा शक्ति में भी विकास होगा।

घरों से निकलकर यह गंदा पानी नदी में जाता है। इससे नदियां प्रदूषित होती हैं। गंदगी से नदियों में तेजी से बैक्टीरिया पनपते हैं। घर से निकलने वाले पानी में फॉस्फोरस की मात्रा 60 से 80 व नाइट्रोजन की मात्रा 16 से 20 मिलीग्राम होती है। घरों से जो कचरा और पानी निकलता है, उसमें डिटरजेंट, तेल व शेम्पू आदि के माध्यम से जहां फॉस्फोरस पैदा होता है, वहीं विभिन्न प्रकार के खाद्य पदार्थों से नाइट्रोजन भी निकलता है। यह समस्त प्रदूषण गंदे पानी के रूप में निकलता है। खोज के तहत इस पानी को नदियो में गिरने से पूर्व ही उसमें से फॉस्फोरस व नाइट्रोजन को अलग किया जाएगा। इसके तहत नालों के मुहाने पर दो टैंक बनाए जाएंगे, जिसमें गिरकर पानी आगे जाएगा। टैंक में नीचे की ओर लौह अयस्क के अवशेष की चादर डाली जाएगी। यह लौह अयस्क पानी में घुले फॉस्फोरस व

नाइट्रोजन को अपने में सोख लेगा। निश्चय ही भारत सरकार को इस प्रकार के वैज्ञानिक अनुसंधानों और शोधों को बढ़ावा देना चाहिए। वैज्ञानिक तकनीकों के माध्यम से नदियों को प्रदूषणमुक्त करने का कार्य कहीं अधिक तेज गति से किया जा सकता है।

मृदा प्रदूषण –

चारों तरफ फैले बेतरतीब कूड़े और कचरे से पर्यावरण की बहुत क्षति हो रही है। कई प्रकार के रासायनिक,कीटनाशक, उर्वरक एवं ई–कचरा आदि गंभीर स्तर तक मृदा प्रदूषण का कारण बन रहे हैं। मानव निर्मित विषैले पदार्थों के मिट्टी में जमा होने को मृदा प्रदूषण कहा जाता है। खरपतवार नाशक, कीटनाशक, रासायनिक उर्वरक, कूडा–करकट एवं अपशिष्ट पदार्थ प्रमुख प्रदूषण हैं। आमतौर पर गलत कृषि पद्धतियों के अपनाने की वजह से मिट्टी प्रदूषित होती है और इसका पौधों एवं प्राणियों पर बुरा असर पड़ता है।

रासायनिक उर्वरकों के बजाय जैविक उर्वरक के उपयोग से मिट्टी के पोषक तत्वों में वृद्धि की जा सकती है। इसमें नया अध्याय 'बायो फर्टिलाइजेशन' का जुड़ गया है। इस तरह की पद्धति में कई सूक्ष्म जीवों के इस्तेमाल से मिट्टी की उर्वरा शक्ति में वृद्धि की गई है। इसी तरह जैविक कीटनाशक के इस्तेमाल से पर्यावरण के नुकसान के बिना कीटों पर नियंत्रण पाया जा सकता है। खर–पतवार मिट्टी के आवश्यक खनिजों को नष्ट कर देते हैं, इसलिए इनको खत्म कर मिट्टी में प्रदूषण को काफी हद तक कम किया जा सकता है। इसके लिए लोगों को प्रशिक्षित कर निजी स्तर और सामुदायिक स्तर पर सहभागिता से मृदा प्रदूषण कम किया जा सकता है।

भूजल में पाये जाने वाले कई रासायनिक तत्वों फ्लोराइड, आर्सेनिक, लोहा और नाइट्रेट हमारे स्वास्थ्य को गंभीर रूप से प्रभाावित कर रहे हैं। भारत दुनिया में तीसरा सबसे ज्यादा ग्रीन हाउस गैसों को उत्सर्जित करने वाला देश है। एक अध्ययन के मुताबिक यूरोपीय लोगों की तुलना में आमतौर पर भारतीयों के फे–फड़ों की कार्यक्षमता 30 प्रतिशत कम है। 2013 में पर्यावरण प्रदर्शन सूचकांक में भारत का अपेक्षाकृत निचला 155वां स्थान है, जो भारत में पर्यावरण की बदहाल स्थिति को स्वयं ही स्पष्ट करता है।

देश में भूजल के गिरते स्तर की समस्या सर्वत्र खड़ी होती जा रही है।

विशेषकर भारतीय महानगरों में भूजल का स्तर पिछले कुछ वर्षों से निरंतर तेजी से गिरता ही जा रहा है। कई स्थानों पर विगत एक दशक में भूजल के स्तर में 42 से 45 फुट तक गिरावट आ गई है। इसे रोकने के जल्द प्रयास नहीं किए गए, तो अगले कुछ ही वर्षों में भूजल स्तर सैकड़ों फुट नीचे चला जाएगा। देश में जल संरक्षण के लिए कोई खास प्रयास नहीं किए जा रहे हैं। 'नेशनल ग्रीन ट्रिब्यूनल' (एनजीटी) ने भी इस पर चिंता जाहिर की है। इस संबंध में 'एनजीटी' को एक रिपोर्ट सौंपी गई है, जिसके अनुसार देश के महानगरीय क्षेत्रों में मात्र पिछले एक साल के भीतर जल स्तर लगभग 12 फुट तक नीचे गिर गया है, जबकि 2006 से 2013 के बीच यह लगभग 42 फुट गिरा था। इसका प्रमुख कारण अवैध भू-जल दोहन पर अंकुश नहीं लग पाना है। साथ ही बड़े स्तर पर बहुमंजिला इमारतों का निर्माण भी है। इन्हें बनाते समय कई बिल्डर अवैध तरीके से भू-जल का दोहन करते है। तीन मंजिल तक बेसमेंट भी बनाए जाते हैं। खुदाई से निकलने वाले पानी को नहर-नालों में बहा दिया जाता है।

९. पर्यावरण कानूनों के प्रति अज्ञानता

आश्चर्यजनक ढंग से भारत में पर्यावरण संरक्षण को लेकर नागरिकों में जिम्मेदारी की भावना का अभाव है। संभवतः पर्यावरण मानकों और इससे जुड़े अनेक वैज्ञानिक तथ्यों के विषय में अधिसंख्य भारतीय अनजान होते हैं। कुछ अज्ञानता के कारण और कुछ लापरवाहीवश भारत में प्रतिक्षण असंख्य भारतीय पर्यावरण को क्षति पहुंचाने वाले कार्य निरंतर करते रहते हैं। इस संदर्भ में अधिकांश भारतीयों को पर्यावरण कानूनों और नियमों की भी कहीं कोई जानकारी तक नहीं है। अधिकांश भारतीय प्रतिदिन आदतन ऐसे कई पर्यावरण विरोधी कार्य करते ही रहते हैं, जो कि न केवल गैर कानूनी, वरन राष्ट्र एवं पर्यावरण विरोधी भी हैं।

घर तथा आसपास से निकले कूड़े-कचरे या सूखी पत्तियों को जलाना भले ही सामान्य सी बात लगे, लेकिन पर्यावरण से जुड़े कानूनों में यह अपराध माना गया है। बार-बार ऐसा करना किसी को भी अदालत के कटघरे में खड़ा कर सकता है। ऐसे मामलों में संबंधित जिले के मजिस्ट्रेट से शिकायत की जा सकती है। वह शिकायत पर विचार करने के बाद इसमें न्यायिक प्रक्रिया शुरू करने का निर्देश देते हैं। एनवायरमेंट प्रोटेक्शन एक्ट, 1986 के तहत सेक्शन 15 में साफ लिखा है कि यदि कोई कानूनी प्रावधानों का उल्लंघन करता हुआ पाया जाता है, तो उसे एक लाख रुपये तक के जुर्माने के साथ अधिकतम पांच साल कैद की सजा हो सकती है। बार-बार उल्लंघन करने पर हर दिन पांच हजार रुपये के हिसाब से अतिरिक्त जुर्माने का भुगतान करना होगा। दोषी ठहराए जाने के बाद भी यदि कोई साल भर तक नियमों का उल्लंघन करता रहता है, तो दोषी को सात साल तक की भी सजा सुनाई जा सकती है।

खुले में कूड़ा-कचरा या सूखी पत्तियां जलाना जितना पर्यावरण के लिए

नुकसानदायक है, उतना ही यह स्वास्थ्य को भी नुकसान पहुंचाता है। इन्हें जलाने से कार्बन डाई ऑक्साइड, कार्बन मोनो ऑक्साइड, पार्टिकुलेट और बेहद जहरीले पॉली एरोमेटिक हाइड्रो कार्बन निकलते हैं। यह धुआं तब सबसे ज्यादा खतरनाक हो जाता है, जब पार्टिकुलेट 10 माइक्रेन से भी ज्यादा छोटे होते हैं और आसानी से फेफड़ों के अंदर पहुंच जाते हैं। 'पार्टिकुलेट मैटर' (पीएम) के दो प्रकार-'पीएम' 2.5 और 'पीएम' 10 होते हैं। गाड़ियों से निकलने वाले प्रदूषण कण 'पीएम' 2.5 है।

सरकारी आंकड़ों के अनुसार यहां गाड़ियों से रोजना औसतन 40 से 70 प्रतिशत 'पीएम' 2.5 जमा होता है। सूखी पत्तियों या कूड़े को जलाने से 'पीएम' 10 जमा होता है, लेकिन कूड़े में यदि प्लास्टिक, रबड़, टायर जैसी चीजें मौजूद हों, तो यह और भी हानिकारक साबित हो सकता है। 'पीएम' 10 खतरनाक इसलिए है, क्योंकि इसके बढ़ने से सांस और ह्रदय संबंधी रोगों के होने का खतरा बढ़ जाता है। अस्थमा का अटैक, सांस लेने में दिक्कत, हाई ब्लड प्रेशर, हार्ट अटैक, स्ट्रोक और असमय मौत तक हो सकती है। खुले में कचरा जलाने को आसानी से रोका जा सकता है। घरों से निकलने वाला कचरा या पेड़-पौधों की सूखी पत्तियां एक संसाधन की तरह होती हैं, जिनका सदुपयोग जलाने की बजाय खाद या जैविक ईंधन के तौर पर आसानी से किया जा सकता है।

प्रकृति : अनदेखी नहीं, आराधना करो

वैज्ञानिक क्षेत्र में हुए आविष्कारों ने प्रकृति संबंधी मौलिक धारणा में क्रांतिक-ारी परिवर्तन ला दिया है। ईश्वर की इस सृष्टि को रसायन शास्त्र और भौतिकी के प्रचलित नियमों द्वारा कार्यरत संसार से प्रतिस्थापित कर दिया गया। विज्ञान एवं तकनीक के प्रयोग तथा मानव जीवन को सुविधाजनक बनाने वाले नए-नए अविष्कारों ने यद्यपि मानव जीवन को सुलभ बनाया है, परंतु उसे प्रकृति और पर्यावरण से बहुत दूर कर दिया है। आर्थिक एवं औद्योगिक विकास की अंधी दौड़ में पिछले कुछ दशकों में संपूर्ण विश्व ने मिलकर प्रकृति का संतुलन एवं स्वाभाविक पारिस्थितिकीय चक्र को बहुत अधिक बिगाड़ दिया है।

वास्तव में मानवीय वैज्ञानिक उपलब्धियां कितनी भी श्रेष्ठ और चमत्कृत करने वाली क्यों न हो, वे प्राकृतिक संसाधनों और प्रकृति प्रदत्त अमूल्य वरदानों

का विकल्प कदापि नहीं हो सकतीं। वैज्ञानिक एवं आर्थिक उपलब्धियों के अहंकार में डूबे मानव समाज को प्रकृति के इन वरदानों का अहसास संभवतः तभी होगा, जब उससे यह समस्त प्राकृतिक संसाधन और प्रकृति प्रदत्त उपहार छिन जाएंगे।

औद्योगिक और वैज्ञानिक क्रांतियों ने लागों को संसाधनों के दोहन और भरपूर धन अर्जित करने की अधिक विस्तृत योग्यता और क्षमता प्रदान की। 19 वीं शताब्दी के मध्य दशकों में जीव विज्ञान के 'प्राकृतिक विश्व' के दृष्टिकोण में क्रांतिकारी परिवर्तन आ रहा था। जीवन की स्थाई सृष्टिवादी विचारधारा का एक विकासशील यंत्रवादी विचारधारा द्वारा प्रतिस्थापन हो रहा था। यह परिवर्तन चार्ल्स डार्विन और एल्फ्रेड वॉलेस के 'प्राकृतिककरण' द्वारा विकास के मत से बहुत अच्छी तरह प्रतिपादित होता है।

विकासवादी विचारधारा के अनुरूप पर्यावरण में होने वाले परिवर्तन, मानव द्वारा किए गए परिवर्तनों सहित, कई प्रकार के जीवों के विलोपन के कारण बन सकते हैं, जैसा कि लुप्त हुए प्राणियों के जीवाश्मों से प्रमाणित होता है। वेदों, पुराणों, उपनिषदों और अन्य धर्मग्रंथों में वृक्षों, पौधों और वन्य प्राणियों का और सम्प्रदायों के लिए उनके महत्व का विस्तृत वर्णन मिलता है। भारतीय परिवारों में वृक्षों को विशेष स्थान प्राप्त है। मानव जीवन में वृक्षों और पौधों के महत्व का उदाहरण स्पष्ट रूप से 'वाराह पुराण' में मिलता है, जो स्वर्ग की प्राप्ति के लिए नियमित वृक्षारोपण की वकालत करता है। 'मत्स्य पुराण' और 'पद्म पुराण' में भी महान वृक्षारोपण उत्सव-वृक्ष महोत्सव का वर्णन मिलता है। 'मत्स्य पुराण' में एक वृक्षारोपण को दस पुत्रों के बराबर माना गया है।

भारतवासी आदिकाल से प्रकृति के दैवीय रूप में विश्वास रखते रहे हैं। इसी कारण विभिन्न वृक्षों और पौधों को धार्मिक अनुष्ठानों में उपयोग में लाया जाता रहा है। कुछ वृक्षों और पौधों की तो इतनी अधिक मान्यता है कि भारतवासी यह विश्वास करते हैं कि उनकी कल्पना के विभिन्न देवी और देवताओं ने इन वृक्षों एवं पौधों में अपना निवास स्थान बनाया है। 'नृसिंह पुराण' में वृक्ष की तुलना स्वयं भगवान (ब्रह्मा) से की गई है। 'अथर्ववेद' पीपल वृक्ष को देवताओं का आवास मानता है।

भारत में विभिन्न वृक्षों को देवताओं के नाम से संबद्ध किया गया है। यथा-अशोक का वृक्ष बुद्ध से, पीपल का विष्णु से, तुलसी का राम से, कदम्ब का कृष्ण से तथा वट का संबंध ब्रह्मा से स्थापित किया गया है। इससे स्वतः स्पष्ट

होता है कि भारत में वृक्षों को कितना पावन और आराध्य माना गया है। हरे वृक्षों को काटना निषेध किया गया है और इस नियम की अवहेलना करने वालों के लिए दण्ड भी निर्धारित किए गए हैं। प्राचीन भारतीय समाज इस सत्य से पूर्णतः अवगत था कि आने वाले समय में पौधों और वनों का अंधाधुंध विनाश बीमारियों और वायुमंडल के प्रदूषण का कारण बनेगा। भारतीय परंपराओं में आदिकाल से ही पर्यावरण और प्रकृति को यथेष्ठ सम्मान प्रदान किया गया है। प्राकृतिक शक्तियों की उपासना सिद्ध करती है कि प्राचीन भारत में भारतीय नागरिक पर्यावरण और प्रकृति के विषय में कहीं अधिक ज्ञान और सम्मान का भाव रखते थे।

भारतवासियों के लिए प्रकृति और पशुओं से संबंध प्रभुत्व और दमन का संबंध नहीं है, बल्कि परस्पर आदर और दया का संबंध है। 'यजुर्वेद' में सभी के लिए प्रार्थना की गई है। ऋषियों के आश्रमों में पशुओं और अन्य प्राणधारियों के शांतिमय-सहभाव की बहुत सी कथाएं प्रचलित हैं। गौ पूजा भारतीय परिवारों में आदिकाल से ही विशेष रूप से की जाती रही है। प्राचीन और मध्यकाल में भारतीय संस्कृति ने पर्यावरण की सुरक्षा और संरक्षण में नैतिक निर्देशों की रूपरेखा प्रस्तुत की थी। भारतीय आध्यात्मिक चिंतकों और मनीषियों ने जिन पर्यावरणीय नीतियों का प्रतिपादन किया था, उनका अनुसरण न केवल साधारण व्यक्ति अपितु शासक वर्ग भी करता था। वस्तुतः ये सिद्धांत भारतीय जीवन शैली और पर्यावरणीय तंत्र के पूर्णतः अनुकूल थे।

प्राचीन भारतीय समाज में प्राकृतिक संसाधनों को अति महत्व का विषय माना गया था। भारतीय पौराणिक ग्रंथों में प्राकृतिक संसाधनों के सदुपयोग को लेकर अनेक दृष्टांत भरे पड़े हैं। 'महाभारत' में कृष्ण ने प्राकृतिक शक्तियों और पर्यावरण को ही आराध्य एवं वंदना योग्य माना।'महाभारत' में ही एक अन्य स्थान पर ऐसा दृष्टांत मिलता है, जब वन प्रवास के दौरान युद्धिष्ठिर ने भीम को वन्य संपदा और प्राकृतिक संसाधनों के सुनिश्चित प्रयोग के लिए निर्देशित किया था। स्पष्ट है कि भारतीय समाज के आचरण और चिंतन में पर्यावरण और प्राकृतिक संसाधन बेहद महत्व और चिंता का विषय रहे हैं। जब आदिकाल में भारतीय समाज इतना जागरूक रहा है, तो आज का शिक्षित भारतीय समाज अपने पर्यावरण और प्राकृतिक संसाधनों की रक्षा करने में क्यों समर्थ नहीं हो सकता?

10. स्वच्छ गंगा : एक राष्ट्रीय चुनौती

निरंतर जारी प्रदूषण और पर्यावरण क्षरण से सबसे ज्यादा नुकसान भारतीय नदियों को हुआ है। अधिकांश भारतीय नदियां, जो कभी जनमानस के लिए श्रद्धा, संस्कार और जीवनयापन का मूल आधार थीं, आज गंदे नालों में परिवर्तित होकर रह गई हैं। पिछले कुछ दशकों में हुए अनियोजित औद्योगिक विकास और अधिसंख्य जनता के लापरवाह आचरण के कारण अधिकांश भारतीय नदियां आज विलुप्त होने की कगार पर हैं। गंगा नदी भारत की सबसे विशाल एवं भारतीय जनमानस की दृष्टि में सर्वाधिक पावन नदी है। इस विशाल नदी के किनारों पर आदिकाल से मानव सभ्यताएं विकसित होती रही हैं।

विश्व के प्राचीनतम शहर वाराणसी और पटना भी गंगा के किनारों पर ही बसे हुए हैं। यह नदी देश के पांच राज्यों से होते हुए भारत की कुल 25 प्रतिशत जनसंख्या को जल प्रदान करती है। यह पावन नदी भारत के 50 करोड़ से भी अधिक लोगों की जीवनदायिनी बनी हुई है। संपूर्ण विश्व में इन तथ्यों के आधार पर गंगा की तुलना अन्य किसी नदी से की ही नहीं जा सकती। गंगा को स्वच्छ बनाये रखने के लिए बहुत से प्रयास किये गये हैं और निरंतर हो रहे हैं, लेकिन अपेक्षित परिणाम नहीं आ सके हैं। देश के प्रधानमंत्री नरेंद्र मोदी गंगा को स्वच्छ बनाने के प्रति अपनी प्रतिबद्धता घोषित कर चुके हैं।

गंगा को सभी प्रकार से प्रदूषण से मुक्त करने के लिए 'नमामि गंगा' कार्यक्रम की घोषणा जुलाई 2014 के बजट में की गई। गंगा के क्षेत्र एवं तट विश्व के सर्वाधिक उर्वरक और घनी जनसंख्या वाले क्षेत्र हैं और इसके अंतर्गत आने वाला कुल क्षेत्रफल चार लाख वर्ग मील है। कुल मिलाकर 10 लाख 80 हजार वर्ग किलोमीटर के विस्तार क्षेत्र में फैला गंगा का प्रवाह 31 ऐसे शहरों से होकर निकलता है, जिनकी जनसंख्या एक लाख से भी अधिक है, जबकि इसके किनारे

बसे 23 शहर ऐसे हैं, जिनकी जनसंख्या 50 हजार से एक लाख के मध्य है। इसके अतिरिक्त 48 कस्बाई एवं छोटे शहर भी इसकी छाया तले जीवनयापन करने का सुख प्राप्त कर रहे हैं।

गंगा में प्रवाहित होने वाला अधिकांश प्रदूषण 'डोमेस्टिक' यानी प्राथमिक घरेलू स्तर से ही उत्पन्न होता है। बड़ी संख्या में लोग नहाने, कपड़े धोने और शौच इत्यादि के लिए गंगा के जल को प्रयोग करते हुए इसे प्रदूषित करते आ रहे हैं। बहुत बड़ी संख्या में औद्योगिक इकाइयों और उनके द्वारा उत्पन्न औद्योगिक कचरे के कारण गंगा के प्रदूषण की स्थिति बहुत भयानक रूप ले चुकी है। टैनरी, रासायनिक एवं उर्वरक प्लांट, कागज उद्योग, स्लॉटर हाउस और अस्पतालों से प्रवाहित होने वाले बिना शोधित कचरे को गंगा में बिना रोक-टोक प्रवाहित किया जा रहा है। इस औद्योगिक कचरे और प्रदूषण ने गंगा को गंभीर रूप से विषैला बना दिया है। विभिन्न पर्वों एवं आस्थाजन्य अवसरों पर चंद सप्ताह के भीतर ही सात करोड़ की विशालकाय जनसंख्या, जिसमें भारतीय नागरिकों के साथ-साथ असंख्य विदेशी पर्यटक भी शामिल हैं, गंगा स्नान करते हैं। ऐसी मान्यता है कि गंगा में स्नान करने से पाप धुल जाते हैं। इसके अतिरिक्त बहुत भारी मात्रा में पूजा एवं हवन सामग्रियों, भोज्य पदार्थों एवं अनेक प्रकार के कचरे को सांस्कारिक परंपराओं के चलते गंगा में प्रवाहित कर दिया जाता है।

भारतीय जनमानस में जीवन से लेकर मृत्यु तक गंगा 'पवित्र' होने की कल्पनाओं से जुड़ी हुई है। हम उस युग से गंगाजल की खोज करने निकले हैं, जब उस पर पुल नहीं थे और उसकी राहों में रुकावटें भी नहीं थीं। सभी प्रमुख नगरों का विकास नदियों के किनारे हुआ है। यह विकास यात्रा किसी योजना पर आधारित नहीं, बल्कि तत्कालीन मूलभूत सुविधाओं से जुड़ीं थी, परंतु अब तो हमने इन नगरों तक पहुंचने के लिए रेल, विमान और यातायात, परिवहन तथा संचार माध्यमों का जाल बिछा रखा है। जब शहरों की जनसंख्या निरंतर बढ़ती जा रही है, तो निश्चय ही अपनी सुविधाओं के लिए वह नदियों का अधिकतम प्रयोग करेगी ही। बढ़ती जनसंख्या और शहरीकरण से पर्यावरण असंतुलन भारत में दिनों-दिन बढ़ता ही जा रहा है।

आज स्थिति यह है कि हम न तो पर्यावरण को शुद्ध रख पा रहे हैं और न ही नदियों एवं जलस्रोतों को। आलम यह है कि जलस्तर निरंतर नीचे की ओर जा रहा है और हम बोतलबंद पानी को दूध के भाव बेचने-खरीदने पर उतारू हैं। निकट

संभावित तबाही की स्पष्ट चेतावनियों के बीच विनाश के इन क्षणों में भी हमें मात्र 'कारोबार' ही सूझ रहा है। हमारी अदूरदर्शिता और गैर जिम्मेदार व्यवहार के परिणाम हमें निरंतर विनाश की ओर ले जा रहे हैं। असल में गंगा का स्वतः विस्तार संभव ही नहीं है। गंगा के संरक्षण और निर्बाध प्रवाह के लिए जनसहभागिता के माध्यम से योजनाबद्ध प्रयास करने होंगे। पिछले कई दशकों से हम बिना किसी ठोस प्रतिबद्धता और भावना के मात्र सरकारी धन को गंगा की स्वच्छता के नाम पर बहाते रहे हैं। इसका लाभ अंततः समाज के मात्र उन व्यक्तियों को ही मिला है, जो इस अभियान को चलाते और देखते रहे हैं। अब यह राष्ट्रविरोधी ढोंग बंद होना चाहिए। भारत की जीवनदायक नदियों और मानव सभ्यता के भविष्य को चंद व्यक्तियों के भ्रष्टाचार की भेंट नहीं चढ़ाया जा सकता।

हमें समझना होगा कि इस देश में सिर्फ एक गंगा ही नहीं, देश के अलग-अलग हिस्सों में अनेकों भिन्न-भिन्न नदियां हैं, जिन्हें भी देशवासी गंगा के समान ही पावन और जीवनदायक मानते हैं। उन्हें भी प्रदूषणमुक्त कर पूर्ण रूप से स्वच्छ और निर्मल बनाने की आवश्यकता है। आधे-अधूरे मन से गंगा और देश की अन्य नदियों को प्रदूषणमुक्त नहीं बनाया जा सकता। वास्तविक प्रश्न यह भी है कि हम गंगा की पवित्रता के लिए जो स्वच्छता अभियान चलाना चाहते हैं, उसे हमने स्वयं अपने जीवन में आखिर कितना अपनाया है? यदि हम स्वयं को तथा अपने जीवन को, जिससे एक समाज और अंततः राष्ट्र का निर्माण होता है, पवित्रता का वाहक नहीं बना पाते, तो यह प्रयत्न कैसे सफल हो पाएगा?

यह स्पष्ट है कि गंगा की सफाई के लिए स्वयं भारत के प्रधानमंत्री चिंतित हैं। इसको साफ करने की जिम्मेदारी उन्होंने एक विशिष्ट मंत्रालय का गठन कर उसे सौंप दी है, लेकिन सच यह है कि धरातल पर इसका लाभ अब तक नहीं दिख सका है। यह आवश्यक है कि नवनियुक्त मंत्रालय युद्ध स्तर पर राष्ट्रव्यापी अभियान छेड़ते हुए गंगा एवं अन्य नदियों को यथाशीघ्र प्रदूषणमुक्त करते हुए पुनः जीवनदायक बनाए। भारत में प्रदूषण को लेकर नागरिकों को भी जिम्मेदार बनाया जाना चाहिए। इस संदर्भ में यदि आवश्यकता पड़े, तो कठोर दंडात्मक कानून भी बनाए जाने चाहिए।

पर्यावरण और नदियों की स्वच्छता जैसे राष्ट्रीय महत्व के विषयों को किसी की इच्छा और मनमर्जी पर नहीं छोड़ा जा सकता। हमें अपनी नदियों को स्वच्छ बनाना है और यह किसी भी कीमत पर हमें करना ही होगा। पिछले दिनों जब

लोगों से यह अपेक्षा की गई कि अब अस्थियां गंगा में नहीं डाली जाएंगी, तब उसका विरोध कई व्यक्तियों ने यह कहकर किया कि यह तो हमारी धार्मिक आस्थाओं और संस्कारों में सीधे-सीधे दखलंदाजी है, जिसे हम स्वीकार नहीं करेंगे। इस प्रकार के सुझाव और विचार-विमर्श प्रायः सामने आते रहते हैं। भारतीय नागरिकों को यह अहसास दिलाया जाना चाहिए कि पर्यावरण संरक्षण और नदियों की सुरक्षा सभी के हित में है। एक भी व्यक्ति द्वारा किए गए गलत आचरण से वास्तव में संपूर्ण समाज और राष्ट्र की क्षति होती है। स्पष्ट है कि राष्ट्र के लिए इस संवेदनशील मुद्दे पर देश के प्रत्येक नागरिक की सहभागिता, सजगता और सक्रियता बेहद आवश्यक है। राष्ट्र निर्माण का कार्य केवल सरकारी नीतियों और कानून मात्र के भरोसे होने वाला नहीं है।

आओ मिलकर कसम उठाएं : गंगा फिर से स्वच्छ बनाएं

जन-जल-जंगल-जमीन और जीवों के हितों को छोड़कर विकास की कोई अवधारणा पूर्ण नहीं हो सकती। जल के प्रतीक के रूप में गंगा के संरक्षण का सवाल बेहद महत्वपूर्ण है। इसे लेकर लंबे समय से अनेक संगठन रचनात्मक-आंदोलनात्मक गतिविधियां चलाते रहे हैं। गंगा की अविरलता को बांधने का प्रयास पहले भी अंग्रेजों ने किया था, जिसके विरोध में महामना मदन मोहन मालवीय जैसे अनेक राष्ट्रभक्तों ने आवाज उठाई थी। इस संघर्ष के कारण अंततः अंग्रेज सरकार झुकी और गंगा पर बांध न बनाने का समझौता हुआ। स्वतंत्र भारत में इस समझौते को तोड़ दिया गया और अनियोजित ढंग से टिहरी जैसे बांध बनाकर गंगा की धारा रोक दी गई। भारतीय नदियों को विकास की अनियोजित प्रक्रिया से गंभीर क्षति उठानी पड़ी है।

वर्तमान समय में तीर्थ नगरी हरिद्वार और इससे लगने वाले इलाकों में बालू का बड़े पैमाने पर अवैध खनन गंगा सफाई के पुनीत कार्य में रोड़ा बन गया है। इसकी वजह से पर्यावरण के अनुकूल समझे जाने वाले जंतुओं की कई दुर्लभ प्रजातियां विलुप्त हो चुकी हैं या विलुप्तिकरण के कगार पर हैं। आलम यह है कि जिन मांसाहारी कछुओं को गंगा सफाई अभियान के तहत गंगा में छोड़ा गया था, वह भी अब नदारद हैं। खनन की वजह से कछुए शिकारियों के आसान शिकार बने हुए हैं। 'भारतीय जंतु सर्वेक्षण' (जेडएसआई) के विशेषज्ञ इस स्थिति को

चिंताजनक बता रहे हैं। उन्हें 'मोरेनिया पिट्रेसी' प्रजाति के कछुए की खास तौर पर चिंता सता रही है, जिसे उत्तराखण्ड में अंतिम बार वर्ष 2010 में देखा गया था। 'इंटरनेशल यूनियन फॉर कंजरवेशन ऑफ नेचर' (आईयूसीएन) ने इसे देश में दुर्लभ मानते हुए लुप्तप्राय की सूची में रखा है। गंगा संरक्षण पर योजनाओं का क्रियान्वयन करते समय दुर्लभ प्रजाति के जंतुओं के संरक्षण पर विशेष ध्यान केंद्रित करने की आवश्यकता है।

लंबे संघर्ष के बाद समय की मांग को देखते हुए लोकमानस के अनुरूप उचित ही 'केंद्रीय गंगा संरक्षण मंत्रालय' का गठन कर दिया गया है। गंगा की धारा को मुक्त कराने का जिम्मा अब सरकार के पास है। यह आवश्यक है कि पर्यावरण के प्रति आस्था और आर्थिक विकास की प्रक्रियाओं के बीच सरकार उचित प्रकार से समन्वय स्थापित करे। गंगा की स्वच्छता का मुद्दा मात्र सरकार ही नहीं, वरन संपूर्ण राष्ट्र के लिए भी प्रतिष्ठा एवं गंभीर महत्व का प्रश्न है। गंगा नदी, जो कभी अपनी सुंदरता और पवित्रता के लिए संपूर्ण भारत में श्रद्धा और स्तुति की भावना से देखी जाती रही है, वह विगत कुछ दशकों में प्रदूषण तथा गंदगी के कारण गंभीर रूप से प्रदूषित और विषाक्त हो गई है। उत्तराखण्ड राज्य के 'पर्यावरण सुरक्षा एवं प्रदूषण नियंत्रण बोर्ड' ने नदियों के जल का विशद रूप से परीक्षण किया है। बोर्ड ने नदियों के जल को चार प्रकार की श्रेणियों में विभाजित किया है, यथा – श्रेणी ए–पीने योग्य सुरक्षित जल, श्रेणी बी– केवल नहाने योग्य सुरक्षित जल, श्रेणी सी–कृषि योग्य सुरक्षित जल और श्रेणी डी–अत्यधिक प्रदूषित जल।

निर्धारित मानकों के आधार पर बोर्ड ने गंगा को श्रेणी डी में रखा है। गंगा के जल में 'पॉलीफार्म बैक्टीरिया लेवल' 5500 के स्तर पर आंका गया है, जो इसके भयंकर रूप से प्रदूषित एवं विषाक्त होने का प्रमाण है। यह जल इतना अधिक प्रदूषित है कि इसे कृषि योग्य भी नहीं माना गया है, पीना और नहाना तो दूर की बात है। 'नेशनल कैंसर रजिस्ट्री प्रोग्राम' (एनसीआरपी) ने 'इंडियन काउंसिल ऑफ मेडिकल रिसर्च' के लिए एक अध्ययन किया है, जिसमें बताया गया है कि गंगा के किनारे बसने वाले उत्तर प्रदेश और बंगाल के निवासियों में प्रदूषित जल की वजह से कैंसर का खतरा भारत के अन्य प्रदेशों की तुलना में कई गुना अधिक हैं।

विगत कई दशकों से देश में गंगा को स्वच्छ बनाने के लक्ष्य को ध्यान में रखते हुए योजनाएं बनती आ रही हैं। देश में 'गंगा एक्शन प्लान' (जीएपी)

कार्यक्रम की शुरुआत जनवरी 1986 में की गई थी और इसका मकसद गंगा नदी को प्रदूषण मुक्त बनाना था। यह शर्मनाक है कि कुल 901.7 करोड़ रुपये की विशाल धनराशि खर्च करने के बाद भी देश में गंगा के प्रदूषण स्तर में कहीं भी कोई सुधार नहीं आया है। इसकी विफलता को देखते हुए 31 मार्च 2000 को इस कार्यक्रम को समाप्त घोषित कर दिया गया। बाद में इस प्लान के द्वितीय चरण की शुरुआत की गई, जिसमें विशेष रूप से सीवेज शोधन पर बल दिया गया।

'नमामि गंगा' प्रोजेक्ट के लिए 2037 करोड़ रुपये का प्रावधान भारत सरकार ने किया है। इस योजना के अंतर्गत गंगा को प्रदूषण मुक्त बनाने के लिए सरकार ने अत्यधिक प्रदूषण फैलाने वाली ऐसी 48 औद्योगिक इकाइयों को बंद करने का निर्देश दिया है। यह ऐसे उद्योग हैं, जिन्होंने गंगा को पूरी तरह विषैला बना दिया है। भारत सरकार के 23 जुलाई 1993 के आदेश द्वारा विभिन्न प्रकार के ऐसे उद्योगों को चिन्हित करने की बात कही गयी थी, जिनकी वजह से गंगा एवं अन्य नदियां बुरी तरह प्रदूषित हो रही है। इनमें से कुछ को बंद करने का निर्देश दिया गया था। वहीं कुछ अन्य औद्योगिक इकाइयों को कहा गया था कि वे इस प्रकार के प्रदूषण नियंत्रक मानकों का प्रयोग करें, जिससे गंगा एवं इसके जैसी अन्य नदियां प्रदूषित न हो सकें।

इस निर्देश के क्रम में 17 सितम्बर 1993 को केंद्र ने सर्वोच्च न्यायालय के समक्ष एक हलफनामा दायर किया था और बताया था कि ऐसी 68 औद्योगिक इकाइयां हैं, जो गंभीर रूप से गंगा को प्रदूषित कर रहीं हैं, लेकिन केंद्रीय प्रदूषण नियंत्रण बोर्ड और राज्यों के प्रदूषण नियंत्रण बोर्डों ने अभी तक यह सूचित नहीं किया है कि क्या इस प्रकार की औद्योगिक इकाइयां बंद हो गयी हैं? यद्यपि हाल ही में सरकार ने 764 ऐसी औद्योगिक इकाइयों को चिन्हित किया है और उन्हें इस आशय का निर्देश दिया है कि वे एक तय समय-सीमा तक उपयुक्त मानकों एवं इस संदर्भ में दिए गए दिशा-निर्देशों का अनुपालन किया जाना सुनिश्चित करें।

यह बहुत आवश्यक है कि पर्यावरण के मुद्दे पर लोगों के अंदर चेतना जागृत होनी चाहिए, उन्हें इस संदर्भ में कुछ करके दिखाना होगा। औद्योगिक इकाइयों को भी इस विषय में चिंतित होना चहिए और साथ ही उनकी सक्रियता स्पष्ट दिखनी भी चाहिए। इसके अतिरिक्त उन्हें इस बात का डर भी होना चाहिए कि यदि वे नदियों को प्रदूषित करने की चेष्टा करेंगे, तो किसी भी प्रकार से वह कदापि बच नहीं पाएंगे। इस संदर्भ में कठोर निर्णय लेने की आवश्यकता है और उनका क्रियान्वयन भी तत्काल सुनिश्चित किया जाना चाहिए, क्योंकि प्रतिदिन के

साथ हम अपनी नदियों को और अधिक गंदा करते चले जा रहे हैं। तेजी से बढ़ता शहरीकरण और औद्योगिक कचरे के कारण नदियों में प्रदूषण का स्तर निरंतर बढ़ता ही चला जा रहा है। भारत में नरौरा से लेकर इलाहाबाद तक गंगा का क्षेत्र सबसे ज्यादा प्रदूषित है। कानपुर प्रदूषण के मामले में इसका केंद्र बिंदु है।

प्रदूषण फैलाने वाली ऐसी 17 औद्योगिक इकाइयों के लिए सेंसर आधारित मॉनिटरिंग सिस्टम व इंडस्ट्रियल बेस स्थापित करने के लिए सरकार ने निर्देशित किया है। इन्हें यह भी सुनिश्चित करने के लिए निर्देशित किया गया है कि इन इकाइयों के द्वारा किसी भी प्रकार का औद्योगिक कचरा नदियों में प्रवाहित न किया जाए। इसके अतिरिक्त नवीन सूचना प्रौद्योगिकी एवं तकनीकों का प्रयोग करते हुए राज्यों के प्रदूषण नियंत्रण बोर्डों के मुख्यालयों में नियमित रूप से ऑनलाइन मॉनिटरिंग सिस्टम की स्थापना की जानी चाहिए। इसी प्रकार केंद्रीय प्रदूषण नियंत्रण बोर्ड में भी इस प्रकार की उच्चस्तरीय मॉनिटरिंग व्यवस्था सुनिश्चित की जानी चाहिए।

प्रदूषण नियंत्रण बोर्डों की विफलता

भारत में प्रतिदिन 500 मिलियन लीटर खराब पानी औद्योगिक इकाइयों द्वारा उत्पन्न किया जाता है। यदि हम इन आंकड़ों की बात करें, तो भारत में सबसे अधिक प्रदूषण पैदा करने वाली औद्योगिक इकाइयों में 58 प्रतिशत औद्योगिक इकाइयां टेनरी क्षेत्र में कार्य कर रही हैं। इसके बाद चीनी आधारित औद्योगिक इकाइयां (9 प्रतिशत), कागज एवं अन्य प्रकार के पेपर पर आधारित औद्योगिक इकाइयां (9 प्रतिशत), कपड़ा और उनकी ब्लीचिंग तथा डाई से संबंधित औद्योगिक इकाइयां (8 प्रतिशत), विभिन्न प्रकार की उर्वरक एवं रसायनिक इकाइयां (4 प्रतिशत), डिस्टलरी इकाइयां (4 प्रतिशत), खाद्य-डेरी और बेवरेज इकाइयां (3 प्रतिशत) तथा अन्य प्रकार की औद्योगिक क्षेत्र की इकाइयां (5 प्रतिशत), देश में सर्वाधिक प्रदूषण पैदा करने वाली औद्योगिक इकाइयों के रूप में चिन्हित की गई है। इसी प्रकार से राज्यों में 764 सर्वाधिक प्रदूषण पैदा करने वाली औद्यागिक इकाईयां चिन्हित की गयी हैं। इनमें सबसे ज्यादा प्रदूषण पैदा करने वाली 687 इकाइयां उत्तर प्रदेश में हैं। इसी प्रकार उत्तराखंड में यह संख्या 42, पश्चिम बंगाल में 22 और बिहार में 13 है।

हाल ही में सुप्रीम कोर्ट ने गंगा को प्रदूषित करने वाली औद्योगिक इकाइयों के विरुद्ध कठोर टिप्पणियां की हैं। देश का सर्वोच्च न्यायालय निश्चित रूप से गंगा एवं अन्य नदियों को पूर्णतः स्वच्छ एवं प्रदूषणमुक्त देखना चाहता है। सर्वोच्च न्यायालय कई बार इस विषय में केंद्र सरकार को निर्देशित कर चुका है। सर्वोच्च न्यायालय द्वारा केंद्र सरकार को इस बात के लिए सख्त निर्देश दिए गए हैं कि वे तत्काल समयबद्ध रूप से इस दिशा में कुछ ठोस प्रयास करके दिखाए। सुप्रीम कोर्ट ने यह माना है कि सरकार के पास गंगा साफ करने को लेकर विगत दशकों में अब तक किसी भी प्रकार की दूरदर्शी कार्ययोजना और नीति का अभाव रहा है। सुप्रीम कोर्ट की टिप्पणियों और उसके द्वारा की जा रही निरंतर समीक्षा से उसकी बेचैनी का पता चलता है। वास्तव में सर्वोच्च न्यायालय देश के जनमानस की आकांक्षा को ही प्रतिबिंबित कर रहा है।

स्वतंत्र भारत में अब तक देश की सरकारों ने गंगा एवं इसके जैसी पावन नदियों को साफ करने एवं साफ बनाये रखने की दिशा में कोई यथेष्ट प्रयास, चिंतन, प्रतिबद्धता और संवेदनशीलता नहीं दिखायी है। यह भी एक तथ्य है कि केंद्रीय प्रदूषण नियंत्रण बोर्ड तथा राज्यों के प्रदूषण नियंत्रण बोर्ड इस दिशा में नाकारा सिद्ध हुए हैं। यह समस्त प्रदूषण नियंत्रण बोर्ड औद्योगिक इकाइयों द्वारा निरंतर पैदा किए जा रहे प्रदूषण के विरुद्ध किसी प्रकार की कोई ठोस कार्रवाई कर पाने में अब तक बुरी तरह नाकाम सिद्ध हुए हैं। इन्हीं तथ्यों का ज्ञान लेते हुए सुप्रीम कोर्ट ने पहली बार इस प्रकार का निर्णय लिया है कि गंगा को साफ करने के लिए आवश्यक निगरानी करने की जिम्मेदारी 'नेशनल ग्रीन ट्रिब्यूनल' यानी 'राष्ट्रीय हरित प्राधिकरण' को दे दी जाए।

यह वास्तव में गंगा को प्रदूषण मुक्त करने की दिशा में एक अच्छा प्रयास दिखायी पड़ता है। यह निराशाजनक है कि केंद्र और राज्यों के प्रदूषण नियंत्रण बोर्ड देश की नदियों को प्रदूषण मुक्त कर पाने की अपनी जिम्मेदारियों को ठीक ढंग से नहीं निभा पा रहे हैं। यह भी देखना आवश्यक होगा कि क्या राष्ट्रीय हरित प्राधिकरण की सक्रियता से गंगा को प्रदूषण मुक्त किया जा सकेगा? क्या विगत कई दशकों से जारी प्रदूषण और बदहाली की स्थिति में कहीं कोई गुणात्मक बदलाव आ पाएगा?

स्वतंत्र भारत के पिछले 67 वर्षों के इतिहास में जिस प्रकार की अकर्मण्यता, सरकारी तंत्र पर निर्भरता, कर्महीनता और किसी प्रकार की ठोस योजना के अभाव

की स्थिति हमारी नदियों को प्रदूषण मुक्त करने के संदर्भ में दिखायी पड़ी है, क्या उस जड़ता को बदला जा सकेगा? आखिर क्या वजह है कि केंद्र और राज्यों की सरकारों ने अब तक इस दिशा में कोई गंभीर चिंतन और सक्रियता नहीं दिखाई है? गंगा प्रदूषण मामले में लगभग प्रत्येक सुनवाई में सुप्रीम कोर्ट के द्वारा फटकारे जाने के बावजूद भी राज्य सरकारों और प्रदूषण नियंत्रण बोर्डों के आचरण में कोई बहुत सकारात्मक परिवर्तन दिखाई नहीं पड़ रहा है। आखिर ऐसे में गंगा और ऐसी ही देश की अन्य नदियां साफ कैसे हो सकेंगी? वास्तव में प्रदूषण बोर्डों के इस लापरवाही और सुस्ती के लिए राज्य सरकारें भी जिम्मेदार हैं। राज्य सरकारों के स्तर पर भी अपनी नदियों की स्वच्छ रखने की प्रतिबद्धता बहुत कम ही दिखाई पड़ रही है।

यह एक तथ्य है कि देश में 'प्रदूषण नियंत्रण बोर्ड' गंगा एवं इसके जैसी अन्य नदियों में विषाक्त एवं औद्योगिक कचरा उड़ेलने वाली विभिन्न औद्योगिक इकाइयों के विरुद्ध किसी भी प्रकार की कोई ठोस कार्रवाई कर पाने में अब तक अक्षम सिद्ध हुए हैं। इसी प्रकार से हमारे नगर निकाय, सीवर एवं अन्य गंदे नालों की गंदगी को नदियों में प्रवाहित होने से रोक पाने में पूरी तरह विफल साबित हुए हैं।

भारत जल प्रदूषण की भयंकर समस्या से जूझ रहा है। भारत में अनट्रीटेड सीवेज का प्रवाह नदियों के प्रदूषित होने का सबसे बड़ा कारण है। भारत में घरेलू स्तर पर उपयोग होने वाले पानी के उत्पन्न होने और इसके शोधित होने में भारी अंतर है। भारत में पर्याप्त रूप से सीवेज शोधन क्षमता उपलब्ध नहीं है। इसके साथ ही सीवेज ट्रीटमेंट प्लांट न तो ठीक तरह से काम ही कर पा रहे हैं और न ही इनका उचित रख-रखाव ही हो रहा है।

'विश्व स्वास्थ्य संगठन' की एक रिपोर्ट के अनुसार, भारत में 3119 कस्बों और शहरों में से केवल 209 में ही आंशिक रूप में सीवेज शोधन प्लांट की सुविधा है। इनमें से भी केवल आठ शहरों में पूरी तौर पर गैर उपयोगी जल के शोधन की सुविधा उपलब्ध है। 100 से अधिक भारतीय शहर प्रतिदिन बिना शोधित सीवेज सीधे तौर पर गंगा में उड़ेल देते हैं। भारत में प्रतिदिन 29 हजार मिलियन लीटर सीवेज उत्पन्न होता है, जबकि देश में इसके शोधन की क्षमता केवल 6000 मिलियन लीटर है। इसके अलावा छोटे-मोटे उद्योगों द्वारा पैदा किए जा रहे विभिन्न प्रकार के रासायनिक अवयवों से भी देश की नदियां गंभीर रूप से प्रदूषित हो रही हैं।

यह विडंबना है कि आज देश में कहीं भी कोई सा भी सीवेज शोधन यंत्र आदर्श रूप में अपनी घोषित क्षमता के अनुरूप कार्य नहीं कर पा रहा है। अनेक जांचों से यह सिद्ध हो गया है कि हमारे अधिकांश सीवेज शोधन संयंत्र अपनी क्षमता के साथ न्याय नहीं कर पा रहे हैं। यह प्रायः खराब होते रहते हैं या विद्युत आपूर्ति न हो पाने की समस्या से जूझते रहते हैं। इसके अलावा कतिपय अन्य कारण भी बताये जाते हैं, जिनकी वजह से यह सीवेज शोधन संयंत्र ठीक से कार्य नहीं कर पा रहे हैं। अब ऐसे में गंगा एवं अन्य नदियों को कैसे साफ रखा जा सकेगा?

ऐसा लगता है कि देश में बड़ी संख्या में 'उद्योग शोधन संयंत्र' चलने और दिखने का 'दिखावा' मात्र कर रहे हैं। गंगा एवं अन्य नदियों को स्वच्छ बनाने एवं समस्त प्रकार के प्रदूषण से मुक्त करने के लिए वास्तव में इनकी कहीं कोई प्रतिबद्धता नजर ही नहीं आ रही है। औद्योगिक इकाइयों द्वारा न तो आवश्यक सक्रियता और न ही इस दिशा में किसी प्रकार की कोई प्रतिबद्धता प्रदर्शित की जा रही है। भारत में औद्योगिक इकाइयों के लिए गंगा और अन्य नदियों को प्रदूषण मुक्त रखने के बजाय धन की बचत और आर्थिक लक्ष्य प्राप्त करना अधिक महत्वपूर्ण हो गया है।

यह बहुत आवश्यक है कि प्रदूषण एवं औद्योगिक कचरा पैदा करने वाली ऐसी औद्योगिक इकाइयों से सख्ती से निपटा जाए। इनके गैर जिम्मेदाराना व्यवहार एवं अदूरदर्शी रवैये की वजह से हम गंगा को और अधिक अपवित्र एवं प्रदूषित होने की अनुमति नहीं दे सकते। इनकी धन कमाने की अत्यधिक लालसा के लिए देश की अनेकानेक जीवनदायक पवित्र नदियों की बलि नहीं चढ़ाई जा सकती। ऐसी औद्योगिक इकाइयों पर जब ताले पड़ेंगे, तभी प्रदूषण पैदा करने वालों तक सही संदेश जा सकेगा। किसी भी सूरत में किसी को भी गंगा एवं इसके जैसी अन्य जीवनदायक नदियों को प्रदूषित करने की अनुमति नहीं दी जा सकती।

भारतीय शहर जितना सीवेज उत्पन्न करते हैं, उसके केवल एक तिहाई हिस्से का ही हम शोधन कर पाते हैं। आशय यह है कि देश में कुल उत्पन्न सीवेज में से बहुत मामूली हिस्से का ही ट्रीटमेंट या शोधन कर पाने में हम सक्षम हो पाए हैं। 'सेंटर फॉर इनवायरमेंट एंड साइंस' ने यह बारंबार कहा है कि हमारे देश में इस बात का कोई स्पष्ट आंकलन एवं अधिकृत आंकड़े ही नहीं है कि एक व्यक्ति कितना सीवेज उत्पन्न करता है और एक व्यक्ति द्वारा कितने पानी का उपभोग

किया जाता है? भारत में 'सीवेज ट्रीटमेंट प्लांट्स' हर उस स्थान पर लगाये जाने चाहिए, जहां सीवेज का निकास होता है। इसके बिना नदियों को प्रदूषणमुक्त नहीं बनाया जा सकेगा।

गंदी नदियां, दूषित पानी : नहीं करेंगे, हमने ठानी

गंगा एवं अन्य भारतीय नदियों को स्वच्छ एवं प्रदूषणमुक्त बनाए रखने की दिशा में सरकार एवं आम जनमानस में एक सुखद संवेदनशीलता और जागरुकता दिखनी शुरू हुई है। भारत सरकार के प्रयासों के बाद कई राज्य सरकारें, प्रशासनिक तंत्र और व्यापक जनमानस इस ओर जागरूक होते दिखाई पड़ रहे हैं। विभिन्न सरकारी, गैर सरकारी संस्थाएं नदियों को प्रदूषणमुक्त करने के लिए आगे आ रही हैं। एक राष्ट्रव्यापी जनांदोलन ही गंगा एवं अन्य भारतीय नदियों को स्वच्छ व प्रदूषणमुक्त बना सकने में सक्षम होगा।

कानपुर में टेनरी उद्योगों के प्रदूषण के निदान के लिए 'सार्वजनिक-निजी भागीदारी' (पीपीपी) पर आधारित 'कॉमन एफ्लसूएंट ट्रीटमेंट प्लांट' (सीईटीपी) संयंत्र लगाने की दिशा में विचार किया जा रहा है। इसके अलावा गंगाजल में प्रदूषण की माप एवं इसके विशेष तत्वों के निर्धारण के लिए 'राष्ट्रीय पर्यावरण अभियांत्रिकी अनुसंधान संस्थान' (नीरी) ने काम शुरू कर दिया है। गंगाजल की गुणवत्ता परखने के लिए केंद्रीय प्रदूषण नियंत्रण बोर्ड 113 स्थानों पर 'स्वचालित जल गुणवत्ता निगरानी केंद्र' लगाने का कार्य प्रारंभ कर चुका है। इसके अलावा केंद्र ने गंगा किनारे लगी सभी औद्योगिक इकाइयों को प्रदूषण रोकने के लिए सेंसर लगाने का आदेश भी दिया है। इसके अलावा दिल्ली में एक 'राष्ट्रीय गंगा निगरानी केंद्र', 'केंद्रीय जल एवं विद्युत अनुसंधानशाला', खड़गवासला की शाखा के रूप मे स्थापित की जाएगी। इसकी एक शाखा वाराणसी में स्थापित की जाएगी।

जल प्रदूषण नियंत्रण से संबंधित कानूनों में गंभीर संरचनागत खामियों और कमजोरियों को उजागर करते हुए संसदीय समिति ने सरकार को 'स्वच्छ गंगा मिशन' वर्ष 2020 तक पूरा करने को कहा है। संसद की 'लोकलेखा समिति' (पीएसी) ने सिफारिश की है कि नदियों के मुंहाने पर सीवेज ट्रीटमेंट पर पाबंदी लगाई जाए और 'राष्ट्रीय गंगा नदी बेसिन अथॉरिटी' (एनजीआरबीए) का प्रभावी रूप से क्रियान्वयन हो। 'पीएसी' ने जल प्रदूषण की समस्या से निपटने के लिए

'एकीकृत कानूनी तंत्र' की स्थापना की आवश्यकता बताई है। समिति ने सिफारिश की है कि नदी विकास के काम में निजी क्षेत्र के अलावा 'सिविल सोसायटी' को भी शामिल किया जाए।

समिति ने सीवेज एवं औद्योगिक प्रदूषण नियंत्रण इकाइयों और 'राष्ट्रीय पर्यावरण मूल्यांकन और निगरानी प्राधिकरण' (एनईएएमए) की शीघ्रता से स्थापना के लिए विशेष वित्तीय संस्था का गठन करने की भी सिफारिश की है। 'भारत में जल प्रदूषण' शीर्षक से पेश की गई समिति की रिपोर्ट में 'नेशनल ग्रीन ट्रिब्यूनल' (एनजीटी) की बेंचों की संख्या बढ़ाने के लिए कानूनी प्रावधानों की जरूरत पर विशेष बल दिया गया है। इन प्रयासों को यदि गंभीरतापूर्वक लागू किया जाए, तो 'स्वच्छ गंगा' के लक्ष्य को प्राप्त करना संभव हो सकता है।

पर्यावरणीय संरक्षण के प्रयासों में भारतीय न्यायपालिका की भूमिका निश्चय ही प्रशंसनीय रही है। सामाजिक और पर्यावरणीय न्याय के लिए तथा आसन्न पर्यावरणीय समस्याओं पर न्यायपालिका का ध्यान आकर्षित करने के लिए साधन के रूप में जनहित याचिकाओं के उपयोग में निरंतर वृद्धि हुई है। इस प्रवृत्ति से पर्यावरण सुरक्षा के प्रति न्यायपालिका का संबंध और उसकी चिंताओं की झलक मिलती है। न्यायपालिका द्वारा संविधान के अनुच्छेद 21 में शामिल 'जीवन के अधिकार' की सकारात्मक और व्यापक व्याख्या में स्वस्थ पर्यावरण के अधिकार को भी स्वतः शामिल किया गया है। भारतीय संविधान पर्यावरण का कोई विशिष्ट 'मौलिक अधिकार' प्रदान नहीं करता। फिर भी, इसे राज्य के नीति निर्देशक सिद्धांतों और मुख्य कर्तव्यों में शामिल किया गया है। भारतीय न्यायपालिका ने देश में स्वच्छता और पर्यावरण के मुद्दे पर बहुत महत्वपूर्ण और कीमती निर्देश समय-समय पर दिए हैं। यह अवश्य है कि कार्यपालिका ने इन निर्देशों का वैसी गंभीरता से पालन नहीं किया है, जैसा अपेक्षित था।

गंगा में गंदगी बहाने वाले उद्योगों पर 'नेशनल ग्रीन ट्रिब्यूनल' (एनजीटी) सख्त कार्रवाई करने की तैयारी कर रहा है। एनजीटी ने तीन उच्चस्तरीय समितियां गठित कर आठ राज्यों-उत्तराखण्ड, उत्तर प्रदेश, बिहार, झारखंड, पश्चिम बंगाल, दिल्ली, मध्य प्रदेश व छत्तीसगढ़ से गंगा में गंदगी डालने वाली औद्योगिक इकाइयों की पहचान करने को कहा है। 'एनजीटी' ने समितियों को गंगा में 'जीरो डिस्चार्ज' की नीति प्रभावी ढंग से लागू करने का आदेश भी दिया है। इससे पहले 'एनजीटी' गंगा को प्रदूषित करने वाली एक चीनी मिल पर पांच करोड़ रुपये का जुर्माना भी लगा चुका है।

'एनजीटी' अध्यक्ष जस्टिस स्वतंत्र कुमार की अध्यक्षता वाली प्रधान पीठ ने केंद्रीय पर्यावरण, वन एवं जलवायु परिवर्तन मंत्रालय के सचिव की अध्यक्षता में प्रधान समिति गठित की है। एक क्रियान्वयन समिति भी बनाई है, जिसमें संबंधित आठों राज्यों के अधिकारी होंगे। तीनों समितियां प्रदूषणकारी उद्योगों को पहचान करेंगे। समितियां ऐसी इकाइयों की सूची बनाएंगी, जहां ट्रीटमेंट प्लांट लगे हुए हैं। उनका संचालन ठीक से हो रहा है या नहीं, समितियां इस पर भी नजर रखेंगी। साथ ही गंगा में 'जीरो डिस्चार्ज' की नीति सख्ती से लागू करवाएंगी।

जिएंगे या मरेंगे : देश के लिए कुछ करेंगे

आखिर ऐसी कौन-सी मजबूरियां हैं, जिनके कारण निरंतर गंगा की निर्मलता और अविरलता में बाधाएं उत्पन्न हो रही हैं? यदि केंद्र एवं संबंधित राज्यों की सरकारें इस समय सीधी कार्रवाई कर गंगा में प्रदूषण फैलाने वाली औद्योगिक निर्माता ईकाइयों तथा पर्यावरण के प्रति गैर जिम्मेदार कारखानों पर बुलडोजर चला दें, तो निश्चय ही संपूर्ण देश में इस कार्रवाई का विरोध कोई भी व्यक्ति नहीं करेगा। वास्तव में संपूर्ण देश में ऐसी कठोर कार्रवाईयों की प्रशंसा ही की जाएगी। इस संदर्भ में सुप्रीम कोर्ट के कड़े और स्पष्ट रुख के बाद स्थानीय अदालतें भी समझौतावादी रवैया अपनाते हुए इन कारखानों के पक्ष में कोई भी 'स्टे आर्डर' देने में कतराएंगी। स्पष्ट है कि इस ऐतिहासिक अवसर का लाभ उठाते हुए देश को कुछ करके दिखाना चाहिए।

सरकार को चाहिए कि वह इस अवसर को मात्र 'फोटो अपॉरच्युनिटी' आयोजन तक सीमित न रहने दे। 'गंगा संरक्षण मंत्रालय' ने कुछ फैक्ट्रियों को चिन्हित कर उन्हें नोटिस भेजा है और उनसे 'जीरो डिस्चार्ज' नीति सख्ती से लागू करने को कहा गया है। वास्तव में इस प्रकार की कवायद पहले भी अनेक बार की जाती रही है। अब समय सीधी कार्रवाई का है। क्या वास्तव में सरकार के लिए यह जानना इतना कठिन है कि 1985 से लेकर अब तक कितनी बार इन उद्योगों को नोटिस जारी किए गए हैं?

गंगा को प्रदूषित करने वाली इकाइयों पर लगाम कसने के बाद 'राष्ट्रीय हरित न्यायाधिकरण' ने नगरीय कचरा प्रबंधन की भी निगरानी शुरू कर दी है। 'एनजीटी' ने सभी राज्यों से नगरीय कचरा प्रबंधन पर कार्य योजना रिपोर्ट मांगी

है। साथ ही सभी राज्य प्रदूषण नियंत्रण बोर्डों से कहा है कि वे नगरीय सूखे कचरे (म्युनिसिपल सॉलिड वेस्ट मैनेजमेंट) के प्रबंधन की स्थिति पर दो सप्ताह में 'केंद्रीय प्रदूषण नियंत्रण बोर्ड' (सीपीसीबी) को अपनी रिपोर्ट सौंप दें। इसके बाद 'सीपीसीबी','एनजीटी' को रिपोर्ट देगा।

अभी तक तो प्रदूषण नियंत्रण का काम बेहद नीरस और उबाऊ तरीके से होता था। 'कचरा प्रबंधन नियम-8 (1)' के तहत 'राज्य प्रदूषण नियंत्रण बोर्डों' को प्रति वर्ष 15 सितम्बर तक राज्य में कचरा निस्तारण की स्थिति रिपोर्ट 'सीपीसीबी' को भेजनी होती है। स्पष्ट है कि 'प्रदूषण नियंत्रण बोर्ड' और अन्य 'प्रदूषण नियामक संस्थाएं' अपेक्षित सजगता से कार्य नहीं कर रही हैं। निश्चय ही यह स्थिति शुभ नहीं है, क्योंकि नदियों के प्रदूषण का स्तर दिनोंदिन विनाशकारी स्थिति पर पहुंचता जा रहा है। ऐसा प्रतीत होता है कि अगले एक दशक में ही हम अपनी सारी नदियों को खो देंगे।

'नगरीय सूखा कचरा प्रबंधन' का मामला भी 1996 से सुप्रीम कोर्ट में लंबित है। कचरा उठाना, उसे लाने-ले जाने और उसके निस्तारण का काम सारे देश में ठप पड़ा है। केंद्र सरकार के पास यह सही अवसर है कि वह कम से कम गंगा नदी के विस्तार क्षेत्र में आने वाले पांच राज्यों की कचरा निस्तारण कार्य योजना में दिलचस्पी लेते हुए आवश्यक सहयोग और दिशा-निर्देश प्रदान करे। गंगा और अन्य नदियों को यदि स्वच्छ बनाए रखना है, तो केंद्र और राज्यों को मिलकर दृढ़ संकल्पबद्ध होकर योजनाओं पर अमल करना होगा।

गंगा प्रदूषण को लेकर सर्वोच्च न्यायालय और 'नेशनल ग्रीन ट्रिब्यूनल' बेहद गंभीर नजर आ रहे हैं। इनकी ओर से समय-समय पर बहुत उपयोगी सुझाव और दिशा-निर्देश प्राप्त होते रहते हैं। दुर्भाग्यवश इन सुझावों पर सरकारें रचनात्मक ढंग से विचार नहीं करतीं। सरकारों को भी इस संदर्भ में जिम्मेदारी का पालन करना चाहिए। मात्र न्यायालयों की डांट-फटकार से बचने के लिए दिखावे की कार्रवाई से कुछ भी होने वाला नहीं है।

निश्चित रूप से सर्वोच्च न्यायालय और 'नेशनल ग्रीन ट्रिब्यूनल' का सख्त रवैया अनुकरणीय और प्रशंसनीय है। इसी प्रकार का कठोर रुख अपनाते हुए 'राष्ट्रीय हरित न्यायाधिकरण' ने सिंभावली शुगर मिल्स को 'जान-बूझकर अपनी सामाजिक जिम्मेदारी का निर्वाहन करने से बचने के लिए' पांच करोड़ रुपये का जुर्माना लगा दिया। जब अपनी शक्तियों और दायित्वबोध को समझते हुए

'एनजीटी' ऐसा कर सकता है, तो केंद्र और राज्य सरकारें तथा 'गंगा संरक्षण मंत्रालय' ऐसा क्यों नहीं कर सकता? सरकार के पास तो पूरी कार्यशक्ति और प्रशासनिक तंत्र है तथा उसके पास प्रदूषण फैलाने वाले उद्योगों और इकाइयों की पूरी सूची भी मौजूद है।

दवा, खाद, तेल शोधक कारखाने, कीटनाशक, डिस्टलरी, चीनी, लुग्दी एवं कागज, ब्लीचिंग, डाइंग एवं वस्त्र, बूचड़खाना, चमड़ा, खाद्य एवं दुग्ध, विद्युत, सीमेंट, वाहन, लोकोमोबिल और पेंट जैसे उद्योग तथा निर्माता इकाइयां गंगा के विस्तार क्षेत्र के इर्द-गिर्द हजारों की संख्या में स्थापित हैं। यह वे उद्योग हैं, जो गंगा में अपना कचरा बड़ी ही बेदर्दी से उड़ेलते रहते हैं। इस प्रकार के पर्यावरण विरोधी एवं राष्ट्र का अहित करने वाले उद्योगों के साथ किसी भी प्रकार की कोई दुरभिसंधि या उदार दृष्टिकोण दिखाए जाने की कहीं कोई आवश्यकता नहीं है। इनके विरुद्ध विधि सम्मत एवं कठोर अनुशासनात्मक कार्रवाई होनी ही चाहिए।

प्राचीन भारत में गंगा शोधन तकनीक

प्राचीन भारत में नदियों को केवल पवित्र माना ही नहीं जाता था, वरन अधिसंख्य नागरिक इस प्रकार का आचरण भी करते थे कि इन नदियों की स्वच्छता और सुंदरता कायम रह सके। वास्तव में आस्था और श्रद्धा केवल भाव नहीं होते हैं, वरन इसके लिए समग्र रूप से वैसा ही आचरण भी करना पड़ता है। प्राचीन भारत में जब न 'सीवरेज ट्रीटमेंट प्लांट' (एसटीपी) था, न कोई यंत्र, बावजूद इसके मोक्षदायिनी गंगा की हर बूंद शोधित करने की पूरी व्यवस्था थी। जिस गंगा को प्रदूषणमुक्त करने के लिए आज करोड़ों- अरबों रुपये की बड़ी-बड़ी योजनाएं भी कारगर साबित नहीं हो रही, वहीं लगभग दो हजार साल पहले गंगा जल को संरक्षित करने के लिए अनूठी पहल हुई थी। कुषाणकालीन राजाओं ने इसके लिए विशेष व्यवस्था की थी। इसका नायाब नमूना श्रृंगी ऋषि की तपस्थली एवं निषादराज गुह की नगरी श्रृंग्वेरपुर में आज भी मौजूद है, जहां गंगा का जल शुद्ध करने का शोधन केंद्र स्थापित है। यहां तीन विशालतम गड्ढों के जरिए जल शुद्ध करने की व्यवस्था थी।

श्रृंग्वेरपुर में गंगा संरक्षण का यह अनूठा उदाहरण धरोहर के रूप में स्थापित है। गंगातट पर यह वास्तुकला के साथ भारतीय पुरातत्व सर्वेक्षण द्वारा संरक्षित

स्मारक है। जहां प्राचीनकाल में बरसात के मौसम में बाढ़ के पानी को ईंटों से निर्मित तीन अलग-अलग चैंबरों में परिष्कृत करने की व्यवस्था थी। 'भारतीय पुरातत्व सर्वेक्षण' के पूर्व महानिदेशक डॉ. बीबी लाल ने अपनी पुस्तक 'इंडिया आर्कियोलॉजिक रिव्यू' व 'एंशिएंट इंडिया' में इसका प्रमुखता से जिक्र किया है। दो हजार साल पहले कुषाणकाल में कनिष्क, वासुदेव जैसे राजाओं का शासन था। गंगा जल संरक्षण की अनूठी विधि उन्हीं की देन है। गंगातट पर स्थित शोधन क्रेद्र में तीन विशाल चैंबर बने हैं। गंगा की धारा मोड़कर वहां तक पानी पहुंचाया जाता था। पहले चैंबर में पानी के साथ आया मलबा रोकने की व्यवस्था थी। गोलाकार कक्ष में साफ होकर जल गुरुत्वाकर्षण ढलान के जरिए दूसरे कक्ष में प्रवेश करता था। हाइड्रोलिक सिस्टम को ध्यान में रखते हुए कक्ष के दोनों और ईंटों का बांध बनाया गया था, जिसमें पानी के साथ आई गंदगी रुक जाती थी। यहां से आगे बढ़ने पर पानी पीने लायक हो जाता था। इसके बाद जल तीसरे चैंबर में प्रवेश होता था, जो गोलाकृत आकार का है। आगे बढ़ने पर जल की शुद्धता और बढ़ जाती है।

उम्मीद अभी बाकी है

प्रदूषण के प्रति देश में एक वर्ग जागरूक हुआ है, तथापि यह पर्याप्त नहीं है। देश के प्रत्येक नागरिक को इस विषय में जागरूक करना होगा। भारत सरकार निश्चित रूप से गंगा एवं अन्य नदियों को स्वच्छ देखना चाहती है, लेकिन इसके लिए आवश्यक है कि वह भारतीय संघीय व्यवस्था के आधार राज्यों और स्थानीय निकायों को इस अभियान में सक्रिय दायित्व और जिम्मेदारी दे। यदि राज्य सरकारें और स्थानीय निकाय सुनिश्चित कर लें, तो एक क्षण में ही भारत की समस्त जीवनदायक नदियों को पुनः निर्मल, स्वच्छ एवं प्रदूषणमुक्त बनाया जा सकता है। यह शुभ संकेत है कि इस संदर्भ में सरकारें जागरूक हुई हैं और जनसहभागिता का स्तर भी निरंतर बढ़ रहा है।

गांवों को स्वच्छ एवं स्वस्थ बनाए रखने के लिए उत्तर प्रदेश सरकार ने कतिपय सराहनीय कदम उठाए हैं। प्रदेश सरकार ने 'प्लानिंग रिसर्च एण्ड एक्शन डिवीजन' (पीआरएडी) के 'भूमिगत नाली मॉडल' को ग्राम पंचायत स्तर पर लागू करने का फैसला किया है। इसके लिए बजट की व्यवस्था 'निर्मल भारत अभियान' प्रोजेक्ट से की जाएगी। 'भूमिगत नाली मॉडल' के विकास के लिए

भूमिगत नालियों से निकलने वाले कचरे और गंदे पानी के प्रबंधन का भी काम ठीक से हो सकेगा। इस मॉडल को अपनाने से गांवों में स्वच्छता बढ़ेगी और मच्छर जनित रोगों पर भी नियंत्रण लगाया जा सकेगा।

'भूमिगत नाली मॉडल' में जल निकासी के पास एक चबूतरा बनाकर एक जाली लगाई जाएगी, जिसकी वजह से बड़े एवं ठोस अपशिष्ट आगे नहीं जा सकेंगे। इसके बाद तीन घरों के पाइप को बाहर बनाए गए एक चैम्बर से जोड़ा जाएगा। चैम्बर से भूमिगत नालियों के सहारे पानी को गांव के बाहर ऐसे गड्ढे में गिराया जाएगा, जिसके चारों ओर दीवार बनी हो। 'नेशनल एनवायरमेंटल इंजीनियरिंग रिचर्स इंस्टीट्यूट' नागपुर और 'सीएसआईआर' ने मिलकर 'वेस्ट वॉटर मैनेजमेंट' की एक तकनीक विकसित की है। इस तकनीक का इस्तेमाल भूमिगत नाली मॉडल में किया जाएगा। इसके अंतर्गत जिस गड्ढे में घरों से पानी निकलकर इकट्ठा होता है, उसके आसपास कुछ ऐसे पौधे लगाए जाएंगे, जिसकी जड़ों में एक विशेष प्रकार का वायरस होगा। यह वायरस गंदगी को 'डी-कम्पोस्ट' कर देता है। बचे पानी में सूक्ष्म पोषक तत्व होते हैं, जो फसलों की सिंचाई के लिए फायदेमंद साबित हो सकते हैं। इस प्रकार से नालियों का पानी शोधन के बाद खेतों में सिंचाई के लिए उपयुक्त होगा।

OO

11. पर्यावरण बचाना है : नई सोच अपनाना है

यदि हमें अपने पर्यावरण और नदियों को बचाए रखना है, तो हमें कई प्रकार की कुरीतियों, रुढ़िवादी आचरण और पारंपरिक रूप से चली आ रही अदूरदर्शी कुप्रथाओं एवं अवैज्ञानिकता से समाज को अनिवार्यतः मुक्ति दिलानी होगी। बढ़ती पर्यावरण समस्याओं के मद्देनजर यह आवश्यक हो गया है कि देश में लगभग प्रत्येक क्षेत्र में पर्यावरण संतुलन के मुद्दे को न केवल समझा जाए, वरन इस दिशा में ठोस सकारात्मक क्रियान्वयन भी हो। इस दिशा में कई पुरानी रूढ़ियों और परंपराओं से भी भारतीय समाज को पार पाना होगा। इस संदर्भ में भारत में दाह संस्कार की पारंपरिक प्रक्रिया को नए आयाम देने की आवश्यकता महसूस की जा रही है।

विश्व के अनेक देशों में इस नई तकनीक को व्यापक समर्थन मिला है। भारत भी उन अनुभवों से लाभ उठा सकता है। बेल्जियम और नीदरलैंड जैसे कुछ देश 'जैव दाह-संस्कार' की विधि को वैध बनाने की योजना बना रहे हैं। अब तक जैव दाह-संस्कार की विधि को सिर्फ अमेरिका और कनाडा जैसे देशों ने ही कानूनी मान्यता प्रदान की है। वर्ष 2011 में फ्लोरिडा में जैव दाह-संस्कार करने के साथ ही ऐसा करने वाला अमेरिका, दुनिया का पहला देश बन गया था और तब से अब तक अमेरिका के 3000 से ज्यादा लोगों ने दाह-संस्कार की इस प्रक्रिया को चुना है।

जैव दाह-संस्कार एक ऐसी प्रक्रिया है, जिसमें मानव शरीर को राख की बजाय तरल में बदलना सुनिश्चित किया जाता है। इस प्रक्रिया को 'रासायनिक हाइड्रोलिसिस' के रूप में भी जाना जाता है। यह शरीर के अंतिम संस्कार के लिए अपनाई जा रही मौजूदा प्रवृत्तियों और प्रक्रियाओं के विपरीत पर्यावरण के

कहीं अधिक अनुकूल एक उपयोगी एवं सुरक्षित विकल्प है। फिलहाल देश में मृत शरीर का कानूनी रूप से दाह-संस्कार सिर्फ दफनाकर या जलाकर किया जा सकता है। जैव दाह-संस्कार प्रौद्योगिकी में आग के प्रयोग की जगह पानी का प्रयोग किया जाता है और इसे 'पोटेशियम हाइड्रोक्साइड' के क्षार सोल्यूशन के साथ मिलाया जाता है।

जैव दाह-संस्कार की प्रक्रिया में मृत मानव शरीर के दाह संस्कार के लिए आग या जीवाश्म ईंधन के बजाय 95 प्रतिशत पानी और पांच प्रतिशत क्षार का इस्तेमाल किया जाता है। मृत शरीर को स्टेनलेस स्टील के दाह-संस्कार चैम्बर में रखा जाता हैं। इस चैम्बर में ताप और दबाव की विधि का प्रयोग किया जाता है। जैव दाह-संस्कार के इस संयोजन के माध्यम से शरीर को धीरे-धीरे हड्डियों के टुकड़ों में बदलने और फिर 'रोगाणुहीन घोल' में बदलने के लिए इस्तेमाल किया जाता है। औसतन एक वयस्क शरीर के जैव दाह-संस्कार में 2-3 घंटे का समय लगता है। दाह-संस्कार चक्र को पूरा होने पर हड्डियों को सुखा लिया जाता है और उसे पाउडर में बदला जाता है। इसे फिर संबंधित परिवार को वापस दे दिया जाता है।

वास्तव में राष्ट्रहित में यह आवश्यक है कि स्थापित परंपराओं को वैज्ञानिक रूप दिया जाए। विज्ञान और परंपराओं का उचित समन्वय भारत का कायाकल्प कर सकता है। अंतर्राष्ट्रीय वैज्ञानिक तकनीकों का देश में प्रयोग होना ही चाहिए, यदि इनसे देश के समग्र विकास का मार्ग प्रशस्त होता हो। विकसित देशों ने जिस प्रकार से विज्ञान और तकनीक का प्रयोग पर्यावरण को बचाने के लिए किया है, कुछ उसी प्रकार की व्यवस्था और बदली हुई सोच का अनुसरण भारत में किया जाना चाहिए।

सौर ऊर्जा संयंत्र दीर्घकालीन अर्थों में मितव्ययी और पर्यावरण के अनुकूल विकल्प है। ताप ऊर्जा संयंत्र की लागत चार से पांच करोड़ रुपये प्रति मेगावाट है, जबकि सौर ऊर्जा संयंत्र की लागत सात करोड़ रुपये प्रति मेगावाट है। यह ठीक है कि सौर ऊर्जा संयंत्र में दिन के समय ही बिजली पैदा हो सकती है, लेकिन इससे मुफ्त बिजली पैदा होती है। यही नहीं, अब सौर ऊर्जा का संप्रेषण भी ग्रिड में होना संभव हो रहा है। बिजली का वितरण भी हमारे देश में एक बड़ी समस्या है। घर की छत पर सौर पैनल लगाकर बिजली उपलब्ध कराने से वितरण की अकुशलताएं खत्म की जा सकती हैं। व्यावसायिक प्रतिष्ठान भी बिजली की निरंतर बढ़ती आवश्यकता की पूर्ति सौर ऊर्जा से कर सकते हैं।

एक ओर परंपरागत तरीके से बिजली निर्माण महंगा होता जा रहा है, वहीं दूसरी ओर सौर ऊर्जा संयंत्रों की लागत घटती जा रही है। पहले सोलर पैनल की प्रति वाट की लागत जहां पांच डॉलर तक थी, अब वह घटकर एक डॉलर से भी कम पर आ गई है। ऐसे में यदि पूंजी लागत के हिसाब से सौर ऊर्जा की निर्माण लागत अभी परंपरागत ऊर्जा से थोड़ी ज्यादा भी हो, तो भी दीर्घकालीन दृष्टि से यह सस्ती ही पड़ेगी। दूर-दराज के क्षेत्रों में सौर ऊर्जा एक सस्ता विकल्प है, क्योंकि इससे वितरण का अनावश्यक व्यय बचता है।

महत्वपूर्ण यह है कि सौर ऊर्जा से पर्यावरण पर दुष्प्रभाव नहीं पड़ता।

यद्यपि अभी भारत में बिजली का उपभोग विकसित देशों के मुकाबले काफी कम है, लेकिन जैसे-जैसे आय बढ़ेगी, ऊर्जा की खपत भी बढ़ेगी। ऐसे में ताप संयंत्रों से जरूरत भर बिजली की आपूर्ति मुश्किल प्रतीत होती है। आवश्यकता इस बात की है कि देश में बड़े पैमाने पर सौर, पवन तथा न्यूक्लियर व अन्य गैर परंपरागत ऊर्जा स्रोतों को सर्वोच्च प्राथमिकता दी जाए और उनसे भविष्य की ऊर्जा आवश्यकताओं की पूर्ति की जाए।

यह सुखद है कि भारत सरकार इस दिशा में जागरूक है और इस दिशा में कतिपय ठोस कार्यक्रम शुरू कर रही है। आने वाले समय में सोलर क्षेत्र के विशेषज्ञ इंजीनियरों व कुशल तकनीशियनों की भारी मांग को देखते हुए 'नवीन व नवीकरणीय ऊर्जा मंत्रालय' (एमएनआरई) देश में 'सोलर विश्वविद्यालय' शुरू करने की योजना बना रहा है। इस विश्वविद्यालय को सरकार स्वयं सोसायटी के माध्यम से बनाएगी। बिजली क्षेत्र से जुड़ी सार्वजनिक कंपनियां इसके ट्रस्ट में शामिल होंगी। दूसरी तरफ सौर ऊर्जा को बढ़ावा देने के लिए 'एमएनआरई' ने देश भर में 25 सोलर पार्क बनाने की भी योजना बनाई है। प्रत्येक पार्क की क्षमता 500 मेगावाट तक की होगी। इन सोलर पार्कों का निर्माण कार्य अगले पांच साल में पूरा करने का लक्ष्य है। सरकार ने वर्ष 2019-20 तक सौर ऊर्जा की क्षमता में 40,000 मेगावाट विस्तार करने का लक्ष्य तय किया है।

वास्तव में प्रकृति में कोई भी वस्तु पूरी तरह से बेकार हो ही नहीं सकती। जो कुछ हमारे लिए बेकार या कचरा हो सकता है, वही किसी दूसरे के लिए बेहद महत्व का 'प्राथमिक संसाधन' हो सकता है। यथा-घर की सब्जी और फलों के छिलके हमारे लिए कूड़ा साबित हो सकते हैं, लेकिन यही पशुओं के लिए उनके

आहार का साधन बनते हैं। पशुओं से गोबर मिलता है, जो ऊर्जा का महत्वपूर्ण साधन है। अगर हम इस महत्वपूर्ण अवयव को बिना सोचे-समझे, अनियोजित ढंग से कूड़े के ढेर के साथ मिला देंगे, तो बाद में इसी का निस्तारण हमारे लिए बेहद खर्चीला होगा। वास्तव में कूड़े और विभिन्न प्रकार के कचरे को वैज्ञानिक ढंग से रि-साइकल कर तथा इसका अन्य प्रकार से सदुपयोग कर हम एक महत्वपूर्ण संसाधन का निर्माण कर सकते हैं। यही नहीं, यह विशाल कूड़े और कचरे का ढेर भारत जैसे देश में ऊर्जा के नए स्रोत के रूप में विकसित किया जा सकता है। वास्तव में पर्यावरण से जुड़ी कई समस्याएं केवल इसलिए पैदा हो जाती हैं, क्योंकि हम अज्ञानतावश या लापरवाही से कई महत्वपूर्ण कदम उठाने से चूक जाते हैं और यह चूक हमें कालांतर में बहुत महंगी पड़ती है।

अगर हम थोड़ा रचनात्मक ढंग से सोचें, तो हर समस्या को बहुत बेहतर और रचनात्मक ढंग से निस्तारित किया जा सकता है। यथा-यदि टेलरिंग, सिलाई, कढ़ाई, बुनाई तथा फैशन उद्योग से जुड़े उद्यमियों के यहां से एकत्र कपड़े की कटिंग एवं धागों को किसी दूसरे कचरे के साथ मिलाकर फेंक दिया जाए, तो यह पर्यावरण के लिए एक बड़ी समस्या पैदा कर देता है, लेकिन इन्हीं वस्तुओं को यदि सही हाथों में दे दिया जाए, तो वे इसका रचनात्मक प्रयोग करते हुए घरेलू इस्तेमाल के लिए दरी तथा अन्य हस्तनिर्मित उत्पाद तैयार कर सकते हैं। इसी प्रकार से सैलून से निकलने वाला कचरा यानी बाल बहुत महंगे होते हैं, लेकिन जानकारी के अभाव में हम इनका भी सदुपयोग नहीं कर पाते हैं।

इसी प्रकार कई अन्य ऐसे उदाहरण हैं, जिससे सिद्ध होता है कि विभिन्न प्रकार के कूड़े-कचरे को सूझ-बूझ के साथ एक संसाधन के रूप में परिवर्तित किया जा सकता है। विकसित देशों में लंबे समय से बड़े पैमाने पर ऐसे रचनात्मक प्रयास किए जा रहे हैं। भारत में भी इस दिशा में रचनात्मक कोशिशें शुरू की जानी चाहिए। इस प्रकार की दूरदर्शिता और सूझ-बूझ ही भारत को वैश्विक मंच पर सम्मानजनक स्थान दिला सकती है। विकसित देश इसी प्रकार की सूझ-बूझ, वैज्ञानिक समझ और दूरदर्शी सोच के कारण ही इतना समृद्ध हो सके हैं।

दुविधाग्रस्त राष्ट्र

पिछले कुछ दशकों में विकसित और विकासशील राष्ट्रों के बीच की खाई बहुत अधिक बढ़ती ही चली गई है। विकसित राष्ट्र जहां समृद्धि के नए-नए

आयाम छू रहे हैं, वहीं गरीब एवं अल्पविकसित देश समस्याओं के दुष्चक्र में फंसते ही चले जा रहे हैं। गरीबी और अशिक्षा से जुड़ी अनेकानेक समस्याओं से जूझते रहने के कारण गरीब एवं अल्पविकसित देशों में पर्यावरण के मुद्दे पर सही ढंग से ध्यान नहीं दिया जा पा रहा है। वर्तमान में अधिकांश विकासशील देश गरीब एवं शक्तिहीन हैं। औद्योगीकरण के कारण इन देशों को ज्यादा से ज्यादा वित्तीय शक्तियां दी गईं। पर्यावरण पतन के कारण गरीबी बढ़ी है एवं उसके फलस्वरूप असमान औद्योगिकीकरण बढ़ा है।

यह आम धारणा है कि विकसित राष्ट्र अन्य विकासशील राष्ट्रों की पर्यावरण चिंताओं में भागीदार नहीं बनते और इस हेतु उन्हें आवश्यक सहायता भी प्रदान नहीं करते। प्रायः विकसित राष्ट्रों का ध्यान अपने आर्थिक फायदे और औद्योगिक लाभ की तरफ अधिक होता है, जिससे पर्यावरण संरक्षण का अंतर्राष्ट्रीय लक्ष्य प्राप्त करने में मुश्किल हो रही है। प्रायः यह भी देखने में आता है कि अधिकांश देशों में राजनीतिक व्यवस्था पर्यावरणीय मुद्दों के प्रति असंवेदनशील और अदूरदर्शी होती है। भारत की स्थिति भी इससे अलग नहीं रही है।

भारत में पर्यावरण का मुद्दा एक अजीब सी दुविधा का शिकार है। एक ओर जहां भारत को अपने विशाल मानव संसाधन के लिए विकास का मार्ग खोजना है, वहीं दूसरी ओर पर्यावरण व वन्य जीवन भी उसकी चिंता का कारण बना हुआ है। इन दोनों लक्ष्यों के बीच में कैसे उचित संयोजन और संतुलन स्थापित किया जाए, यह एक गंभीर चिंतन का विषय है। यदि आजीविका उत्पन्न की जाती है, तो पर्यावरण को खतरा होता है और यदि पर्यावरण की रक्षा की जाये, तो आजीविका का खतरा है। यह अजीब स्थिति है, क्योंकि औद्योगिक विकास और रोजगार सृजन बड़े पैमाने पर प्राकृतिक संसाधनों और वनों के दोहन की मांग करते हैं। इसकी पूर्ति के लिए पर्यावरण क्षरण आवश्यक हो जाता है। भारत में पर्यावरण आंदोलन इसी अजीब स्थिति का प्रतीक है तथा इसमें यही अंतर्विरोध है। कई बार इसी दुविधा के चलते पर्यावरण की रक्षा के लिए उठ रही आवाजों को दबा दिया जाता है। कुछ अति महत्व के पर्यावरणीय मुद्दे, जैसे भूमि पतन, जंगलों का उजाड़ना, वायु प्रदूषण इत्यादि मुद्दों को अल्पविकसित एवं विकासशील देशों में नजरंदाज कर दिया जाता है।

भारत में अनियोजित ढंग से कई कार्य होते रहते हैं। एक कृषि प्रधान देश होते हुए भी भारत कई ऐसी खाद्य वस्तुओं का आयात कर रहा है, जिनके उत्पादन में

भारत स्वयं आत्मनिर्भर है। इससे अनावश्यक रूप से भारतीय कृषि और पर्यावरण पर दबाव पड़ता है। टोमैटो कैचअप, टोमैटो प्यूरी और टोमैटो जूस आदि का चीन, नेपाल, इटली, अमेरिका और नीदरलैंड से आयात किया जाता है। दूसरे शब्दों में अनजाने ही हम दूसरे देशों के किसानों को लाभ पहुंचा रहे हैं, जबकि अपने किसानों को मरने के लिए छोड़ रहे हैं। खाद्य प्रसंस्करण उद्योग इस आयात को न्यायोचित ठहरा सकता है, लेकिन यह समझ से परे है कि विदेशों से आयात हो रहे सस्ते उत्पाद के मद्देनजर खाद्य प्रसंस्करण मंत्रालय यह दावा कैसे कर सकता है कि कृषि प्रसंस्करण भारतीय किसानों के लिए लाभप्रद है? इस संदर्भ में पास्ता का उदाहरण लिया जा सकता है। जब हमारे गोदामों में बड़ी मात्रा में गेहूं सड़ रहा है, तब इटली से पास्ता का आयात 39 प्रतिशत प्रतिवर्ष की दर से बढ़ रहा है। पास्ता गेहूं से ही बनता है। भारत में गेहूं उत्पादन की अधिकता को देखते हुए पास्ता के आयात का कोई औचित्य समझ में नहीं आता।

आज हम अपनी घरेलू जरूरतों का 50 प्रतिशत से अधिक का आयात करते हैं। इससे हमने 'पीली क्रांति' को खत्म कर दिया और अर्थशास्त्रियों की लॉबी ने पर्यावरणीय दृष्टि से नुकसानदायक पॉम आयल की खेती को प्रोत्साहन दिया। यह 10 गुना अधिक कार्बन डाइऑक्साइड का उत्सर्जन करता है। इसके लिए कृषि मंत्रालय ने मिजोरम, त्रिपुरा, असम, केरल, आंध प्रदेश और कर्नाटक में 10.3 लाख हेक्टेयर भूमि से हरित वनों को कटवा दिया, ताकि पाम ऑयल खाद्य तेल हासिल किया जा सके। यह सब समझ से परे है। पहले तिलहन के उत्पादकों को खत्म किया गया, फिर खाद्य तेलों के लिए वनों को काटा गया। इस प्रकार की अदूरदर्शी नीतियों के चलते भारत में पर्यावरण और पारिस्थितिकीय संतुलन को बहुत क्षति पहुंचती है।

विगत कई वर्षों में भारत में कृषि क्षेत्र में पर्याप्त दूरदर्शी नीतियों का अभाव रहा है। अदूरदर्शी आयात नीतियों के कारण भारतीय कृषि व्यवस्था और मेहनतकश किसान भी हतोत्साहित होते रहे हैं। इस स्थिति को राष्ट्रहित में तत्काल बदला जाना चाहिए। अनावश्यक आयातों से देश की अर्थव्यवस्था तथा कृषि क्षेत्र को बहुत अधिक क्षति पहुंचती है। राष्ट्र को कृषि क्षेत्र में आत्मनिर्भर बनाने के संकल्प के भी यह विपरीत सिद्ध होता है।

पर्यटन और पर्यावरण

भारत में पर्यटन उद्योग को भी पर्यावरण के अनुकूल बनाने की आवश्यकता

है। अज्ञानता और अदूरदर्शिता के कारण बड़े पैमाने पर पर्यावरण, पारिस्थितिकीय तंत्र और वन्य जीवों की प्रजातियों का क्षरण हो रहा है। अनेकों वन्य जीवन संरक्षण संबंधी कानूनों के बावजूद शिकार और आखेट भारत में कई पर्यटकों का प्रिय खेल हैं। कुछ पक्षियों और जंतुओं के आखेट के लिए पर्यटकों और लोगों को दिए जाने वाले सीमित लाइसेंसों की आड़ में कई दुर्लभ प्रजाति के कीमती जंतुओं का शिकार अभी भी जारी है। पर्यटक जहां जाते हैं और ठहरते हैं, उस जगह कुछ अपशिष्ट पदार्थों का पैदा होना और छूट जाना स्वाभाविक है। धीरे-धीरे हम सब पर्यटन-स्थलों पर फैले कूड़ा-करकट को रोजमर्रा की बात मानने लगे हैं।

पर्यटन उद्योग देश के विकास के लिए महत्वपूर्ण है। यह समझा जाना जरूरी है कि सांकेतिक रूप से पर्यटन और पर्यावरण साथ-साथ चलते हैं। आज कई पर्यटन-स्थलों पर भीड़ का भारी दबाव है और वे धीरे-धीरे अपनी प्राकृतिक विशेषता और सौंदर्य को खो रहे हैं, जिसके लिए पर्यटक यहां आया करते हैं। यह एक महत्वपूर्ण प्रश्न है कि तब क्या होगा जब पर्यटन-स्थल वस्तुतः पर्यटकों में कोई आकर्षण पैदा नहीं कर पाएंगे? इसलिए यह आवश्यक है कि सोने का अंडा देने वाली मुर्गी को हलाल न किया जाए, बल्कि उसे बचाने की आवश्यकता है। यही कारण है कि 'इको टूरिज्म' या संपोषणीय पर्यटन या उत्तरदायित्व पूर्ण पर्यटन को बढ़ावा दिया जा रहा है।

स्पष्ट है कि भारत में पर्यावरण एवं वन्य जीव संरक्षण अभियान एक चुनौतीपूर्ण स्थिति से गुजर रहा है। ऐसा नहीं कहा जा सकता कि भारत में इस दिशा में कोई प्रयास नहीं हुए हैं या सफलता प्राप्त नहीं हुई है, परंतु यह अवश्य है कि पर्यावरण का मुद्दा अत्यंत गंभीर और मानव सभ्यता के अस्तित्व से जुड़ा हुआ होता है। इसमें किसी भी प्रकार की आनाकानी भविष्य के लिए बहुत घातक होती है। भारत में पर्यावरण संरक्षण एक आवश्यक लक्ष्य है। इस दिशा में आवश्यक संतुलन बनाते हुए कैसे देश को आर्थिक विकास के मार्ग पर प्रशस्त किया जाए, इसके लिए कारगर नीति निर्माण और उसका सफलतापूर्वक जमीनी क्रियान्वयन आज एक अनिवार्य शर्त है।

यूरोप और अमेरिका के विकसित राष्ट्रों ने पर्यावरण संरक्षण के लिए अपने देशों में बेहतर प्रयास किए हैं। इन देशों के नागरिकों में पर्यावरण के प्रति कहीं अधिक जागरूकता, चेतना और कुछ कर दिखाने की दिलचस्पी है। इन देशों में जहां सकारात्मक पर्यावरणीय राजनीति उभर रही है, वहीं बेहतर पर्यावरण के

चलते विकसित एवं धनी राष्ट्रों में नागरिकों के सामान्य जीवन में खुशहाली की मात्रा भी बहुत बढ़ी है। स्विट्जरलैंड, स्वीडन, नार्वे, जर्मनी, फ्रांस, ऑस्ट्रेलिया, न्यूजीलैंड तथा कनाडा जैसे देश न केवल पर्यावरण संतुलन की आज मिसाल बने हुए हैं, वरन इन देशों का सौंदर्य और इनके नागरिकों की खुशहाली इन्हें पृथ्वी पर रहने लायक सर्वश्रेष्ठ स्थान के रूप में स्थापित कर रही है। हालांकि इससे प्रेरणा पाकर भारत जैसे विकासशील देशों में भी कुछ प्रयास होते दिख रहे हैं। नागरिकों में जागरूकता बढ़ रही है और वे स्वच्छता और पर्यावरण की रक्षा के प्रति जागरूक हो रहे हैं। नए-नए पर्यावरणीय संगठन उभर रहे हैं। इन परिस्थितियों ने नागरिक समाज, राज्य एवं पर्यावरण के बीच संबंधों को मजबूत किया है।

भारत में सामान्यतः यह देखा गया है कि राज्यों के प्रशासनिक तंत्र एवं इनकी अनेकानेक घटक संस्थाएं पर्यावरण प्रदूषण को रोकने में नाकाम रही हैं। पर्यावरण संरक्षण का मुद्दा देश में दो खेमों में बंट गया है। एक तरफ नौकरशाह, उद्योगपति एवं राजनीतिज्ञों का गठजोड़ है, तो दूसरी तरफ पर्यावरण पतन से पीड़ित लोग और पर्यावरणवादी जागरूक नागरिक हैं। राज्य ने भी अधिकांशतः पर्यावरण हितों के विपरीत काम किया है। यह समझने की आवश्यकता है कि पर्यावरण पतन एक दुष्चक्र है, जिससे सभी समाजों पर बुरा असर पड़ा है। यह दलील दी जाती है कि विकास का मूल उद्देश्य गरीबी दर में कमी करना तथा लोगों के जीवन स्तर में सुधार लाना है, लेकिन विकास का जो रास्ता अपनाया गया है, वह पर्यावरण को नुकसान पहुंचाने वाला है। यह तय है कि जब पर्यावरण को क्षति पहुंचेगी, तो इसका नुकसान अंततः आम आदमी को ही उठाना होगा।

12. चुनौतियां सर्वत्र, देश हो एकत्र

देश में ऊर्जा और ईंधन संकट को देखते हुए क्या हमारा कोई दायित्व नहीं बनता? एक अभावग्रस्त राष्ट्र का अंग होने के नाते आखिर हम कैसे विलासितापूर्ण आचरण कर सकते हैं? यह गैर जिम्मेदार आचरण वास्तव में न केवल आपत्तिजनक, वरन शर्मनाक एवं लज्जास्पद भी है। हमें अपने दायित्वों का पालन करते हुए वाहनों के प्रति शौक को कम करना होगा। नागरिकों को बड़े पैमाने पर चलने के लिए पैदल और साइकिल का प्रयोग करना चाहिए। इसी प्रकार सरकार को बेहतर ढंग के सार्वजनिक यातायात के साधनों का विकास और प्रसार करना चाहिए।

विदेशों में निर्मित कारों की अधिकाधिक हो रही बिक्री यह सिद्ध करती है कि एक राष्ट्र के रूप में हम चिंतनशील, संवेदनशील, मितव्ययी और दूरदर्शी नहीं हैं। इस शौक के चलते हम अपने स्वास्थ्य और पर्यावरण की तो बलि दे ही रहे हैं, देश को भी स्थायी रूप से एक अस्त-व्यस्त और अनियोजित यातायात दुर्व्यवस्था के मकड़जाल के रूप में स्थापित करते जा रहे हैं।

यातायात व्यवस्था को नियोजित करने के लिए तथा पर्यावरण को विनाश से बचाने के लिए सख्त नियम-कायदे बनाने होंगे। भारतीय अनुभव यह बताता है कि देश में कोई भी कानून और नियम वांछित कारगर असर पैदा नहीं कर पाते हैं, क्योंकि आम नागरिक इसमें न तो सक्रिय रूप से भागीदारी ही करते हैं और न ही इस संदर्भ में उनमें अपेक्षित चेतना का संचार ही होता है। हर कार्य और अपेक्षित परिणाम केवल सरकारी कानून बनाने मात्र से संभव नहीं है। देश का निर्माण वास्तव में आम नागरिकों के हाथ में है, न कि प्रशासन तंत्र के। इसलिए इस दिशा में वांछित परिणाम प्राप्त हों, इसके लिए नागरिकों को कर्तव्यबोध के साथ उठ खड़ा होना होगा।

कुछ चीजें हम अपने आचरण में ढाल सकते हैं, जैसे एक-दो किलोमीटर तक यदि कहीं जाना है, तो हमें पैदल ही चलना चाहिए। इसी प्रकार यदि पांच से 10 किलोमीटर तक जाना हो, तो साइकिल का प्रयोग करना चाहिए। यदि 20 से 30 किलोमीटर तक जाना हो, तो मोटरसाइकिल या सार्वजनिक वाहनों का प्रयोग किया जाना चाहिए। यदि इससे अधिक दूर तक भी जाना हो, तो भी विशेष परिस्थितियों में ही निजी वाहनों का प्रयोग किया जाना चाहिए। सरकार को सप्ताह में एक या दो दिन पूर्णतः 'नो फ्यूल डे' की योजना पर सख्ती से अमल करना होगा। इन दिनों में आमजन की सुविधा के लिए मात्र सार्वजनिक वाहन यथा बस, रेल, मैट्रो आदि ही सड़कों पर चलाई जाएं। यदि हम ऐसा कर पाए, तो न केवल प्रतिदिन अरबों रुपये की विशाल राष्ट्रीय सम्पदा को बचा लेंगे, वरन अपने शहर और वातावरण को भी फिर से रहने लायक बना पाएंगे। इस प्रकार की चेतना और आचरण से ही हम स्वयं को एक अच्छा नागरिक, पर्यावरण प्रेमी, दूरदर्शी और विवेकशील राष्ट्रभक्त सिद्ध कर सकते हैं। ऐसा करके ही हम देश को और अपने पर्यावरण को तथा अपनी भावी पीढ़ियों को बचा सकते हैं।

हमें यह विचार करना चाहिए कि एक दशक बाद इस देश का पर्यावरण असंतुलन और परिवहन प्रणाली की दुर्व्यवस्था किस हद तक विनाशकारी रूप ले लेगी। अगले पांच वर्षों में दिन के चौबीसों घंटों में हर समय कम से कम 30 करोड़ व्यक्ति सड़कों पर यातायात जाम में उलझे रहेंगे। इससे कितना अधिक तनाव, विवाद, झगड़े और पुलिस बल का अपव्यय होगा, इस पर देश के नियोजनकर्ताओं के साथ ही आम नागरिकों को भी गंभीरता और सजगता के साथ चिंतन करना चाहिए। हम यह भी कह सकते हैं कि वास्तव में यह कार्य बहुत पहले ही हो जाना चाहिए था, अब तो ऐसा लगता है कि चिंतन का समय भी बीत गया है और तत्काल ही इस गंभीर समस्या के निदान के लिए कुछ ठोस कार्ययोजना को अमलीजामा पहनाना अनिवार्य हो गया है। हर क्षण के साथ हम विनाश की ओर आगे बढ़ते जा रहे हैं।

❍❍❍